介護リーダー必読！

元気な職場をつくる、
みんなを笑顔にする

リーダーシップの極意

山口晃弘 著

中央法規

はじめに

「元気ですか！」

私の闘いは、いつもこの言葉から始まってきました。この度、人材育成についての本を執筆するにあたり、私のこれまでの経験を自分なりにひも解いていきたいと思います。介護業界に入職してからの20年、あるいはこの世に生をうけてからの50年。何と出会い、何を学び、何を感じ、何をしてきたのか。その経験の積み重ねこそ、私の人材育成の礎です。

この本では、私が人生のなかで経験したこと、習得したことを書きつづっていきます。私の経験が、この本を手にとってくれたみなさんのチカラになれば、これに勝る喜びはありません。なお、本書の内容に関しては、私個人の見解を述べたものであり、当法人・事業所の理念、方針とは一線を画すものであることを、ご承知おきいただければと思います。

最初に「闘い」と書いたのは、人材育成、つまり人を育てるということは、闘いだと思うからです。だれとの闘いか？　それは自分自身との闘いです。この本を手にとってくれた人は、介護現場のリーダー、またはリーダーをめざす人、もしくは現場を改善したくて悩む人…。そういった人たちではないかと思います。

介護職の育成をむずかしくさせているのは、入職してくる人たちが、介護の仕事をしたくて集まった人ばかりではないということが大きいです。詳しくは本文でふれますが、この仕事がしたくて入職したのではない人たちに、よいケア、接遇マナー、個人の尊厳などと話しても、あまりピンときません。また、ある程度の年齢に達している人も多く、年上の部下を指導する若いリーダーは、なおのこと大変です。「人と人」として、向き合っていくことが大事であることは間違いありませんが、人は自分の思いどおりになりません。「この人にいったいどう言ったらわかってもらえるのか？」と頭を抱えてしまうことも多いと思います。

人材育成には技術も存在します。だから、書店に行けば「人材育成」や「マネジメント」の本がコーナーになっていて、たくさん並んでいるのです。私の唱える人材育成も、そのなかの一つにすぎません。ただ、私の場合は、若い人から年配の人まで、実際に現場でたくさんの人…、まったくタイプの違う人、なかなか手ごわい人を育ててきた経験が、人より少し豊富かもしれません。

人材育成は簡単ではありません。だからこそ、私はこの本を手にとってくれた人を全力で応援します。これから、あなたの味方です。ページをめくっていただく度に、あなたの職場がよりよくなるよう、元気が出るよう、心を込めて書いていきます。

「元気ですか！」は、みなさんと、自分への宣誓です。

目次

第3章

人の育成の前に自分を育成する

第4章

組織は常に「問題」だらけである

第5章

虐待・ハラスメントに挑む

第6章

実践力で魅せる・応える

第7章

人が辞めない強いチームをつくる

第8章

人材育成というエンターテイメント

第1章

迷走する介護現場と悩めるリーダー

多くの介護職が、リーダーの登場を待っている

介護リーダーにとって、いちばん苦しいことはなんでしょう？　きっとこの本を手にとってくれたあなたの悩みは、人材育成だと思います。しかし、人材育成に悩むことができるのはまだ幸せです。それは育成する職員がいるということだから。本当に辛く、怖いのは「職員の退職」です。育成する相手すらいなくなる…。これが本当の恐怖です。人材育成について学ぶ前に、まずは、なぜ、職員が職場を去るのかを考えてみましょう。きっと人材育成をしていくうえでの大きなヒントが隠されているはずです。

最も多い退職の理由は、「職場の人間関係」です。多くの仕事で、これを理由に退職する人が多いのは知られていることですが、介護は特に協力し合って行う仕事ですから、職員間のコミュニケーションが悪くなると、人間関係の悩みから体調を崩し、退職に至ることが多いようです。

みなさんはきっと、すでにお気づきだと思いますが、介護職の人材育成だからといって、介護の知識や技術を指導するだけでは、介護現場は成立しません。職場の人間関係を理由に

退職する人が多いのであれば、退職しないよう人間関係をよくするマネジメントが必要ですし、それを行うことができるのは、介護現場のリーダーです。つまり、人材育成を行っていくためには、「リーダーシップ」と「マネジメント力」が求められるのです。人材育成の方法を学ぶ前に、これを思考前提としましょう。

話を「職場の人間関係」に戻します。職場の人間関係をよくするためには、まず職場の人物相関図を理解することです。わざわざ図をつくることはありませんよ。自分の頭のなかに入っていればよいのです。だれとだれは仲がよい。だれとだれは仲が悪い。あのグループとあのグループは仲がよい、悪いなど。もし職場の人間関係がよくないのだとしたら、おそらくその原因になっている人物やグループがいるはずです。この人、この人たちが職場にとっての「脅威」になっているのでしょう。リーダーは、脅威になっている人やグループと向き合っていくことは避けて通れません。

そういわれると、プレッシャーになったり、リーダーなんて損な役割だ、と思ってしまうかもしれませんが、それは早とちりです。脅威となっている人やグループを変えるとか、改心させるとか、そんなことをしなければいけないのではないのです。「避けて通らない」だけでよいのです。やることは簡単です。笑顔であいさつをする、笑顔で話す、それだけです。それを毎日、くり返すことで、後々、大きな力になってきます。

それではここで、SWOT分析シート（図1-1参照）を使ってみましょう。

図1-1　SWOT分析シート

内部環境	強み（Strength）	弱み（Weakness）
外部環境	機会（Opportunity）	脅威（Threat）

このシートは本来、組織の強みや弱み（内部環境）を挙げ、機会や脅威（外部環境）に対してどのような策を講じるかを検討するために使うものですが、実はリーダーシップやマネジメント力に大きく寄与するものなのです。

まずは、「強み」の部分に、あなた自身の強みをできるだけたくさん書いてみてください。人よりずば抜けたスキルを書くわけではありません。自分のなかで、ちょっとでも「よい」と思っているところがあったら、すべて書いてみましょう。そのすべてがあなたの武器になります。

続いて、「弱み」の部分に、あなた自身の弱みと感じているところを書いてみてください。これは弱いとか、苦手と思っているところを挙げていきます。もしも、強み以上にたくさん挙がったとしても、気にすることはありません。謙虚な人ほど、弱みがたくさん挙がるものです。謙虚というのは、リーダーにとってたいへんな「強み」です。謙虚だから学び、謙虚だから他人の考えや話を素直に聞くことができます。謙虚な人は吸収力があります。これはすばらしいスキルです。

「強み」と「弱み」が書けたら、次は外部環境の「機会」と「脅威」を書いてみます。

「機会」というのは、今回の場合、あなたの味方になってくれるものすべてです。同じ（または近い）理想や介護観をもっている仲間だったり、相談しやすい上司だったり、理解ある家族でも構いません。また、人物だけではなく、研修の機会だったり、学びのある本だったり（この本だったらうれしいです）、自分自身のことではないけれど、自分の力になってくれそうなことすべてをさします。

最後は「脅威」です。ここには自分にとって苦手なものや人、業務など、自分がちょっといやだなと思っていることを書いてみましょう。これで準備は整いました。

ここからは、これまで書いた四つの項目をクロスさせてみます。

①「強み」を活かし、「機会」とマッチングしてどんなすばらしいことができるかを考えてみましょう。

②「強み」を活かし、「脅威」となることにどのように対策していくかを考えてみましょう。

③「弱み」に対し、「機会」を使ってどうしたら「弱み」をカバーできるかを考えてみましょう。

④「弱み」に対し、「脅威」がまさに脅威となります。今後、起こり得ることを予見して、どうやってリスクを回避するかを考えてみましょう。

これはＳＷＯＴ「分析」ですから、あくまでも分析が目的です。ただ、このように個人に活用してみると、必要な対策が少し浮かんできます。何より大事なのは、自分の「強み」を知ることです。できるだけ「強み」をたくさん書けるようにしましょう。「敵を知り己を知れば百戦危うからず」という言葉があります。人材育成は戦でもないですし、相手は敵でもないのですが、自己覚知できていないリーダーはうまくいきません。自分の「強み」「弱み」を知ることから始めましょう。

このように分析と対策をしていくと、組織にとって「脅威」となっている人やグループとの向き合い方がまず見えてきます。「機会」に挙げた人と一緒に、どのように向き合っていけばよいか、あなた一人ではなく、仲間と一緒に考えてみてはいかがでしょうか。自分を敬遠したり、敵視する職員とのコミュニケーションについては、第5章で解説します。

よい組織をつくっていくことは、闘いではありません。「はじめに」でも書いたように、闘う相手がいるとしたら、それは自分であり、「脅威」となっている人やグループも、敵ではないのです。「脅威」を敵とみなさないようにしましょう。職員の育成においては、コミュニケーションが不可欠です。しかし、いくらコミュニケーションを図ろうと思っても、相手が耳をふさいで、心を閉ざしてしまっていたら、どんなすばらしい言葉も相手に届きません。したがって、「私はあなたたちの敵ではない」というメッセージを日ごろから発信しておくことが大事なのです。だからこそ、「笑顔であいさつ」が大切です。これが相手の心の扉をノックしたとき、開けてくれるかどうかの鍵になります。

離職率の高い介護職ではありますが、ご利用者想いで志の高い介護職もたくさんいます。そういった人が、人間関係によって介護現場から去っていくというのは悲劇です。多くの介護職が、人間関係にふり回されず、純粋に介護の仕事がしたいと思っています。そういう環境をつくってくれるリーダーの登場を待っています。

「僕にはリーダーの素質がない」「私はリーダーには向いていない」なんて決めつけないでください。

私自身が、リーダーの素質なんてないですし、向いているとも思いません。学生時代はいじめられっ子で、とてもとても人を引っ張っていくようなタイプではありませんでした。努力は必要ですが、素質は必要ないと思います。この私がリーダーになっていったのだから、そこにはきっと「方法」があるのです。

私のこれまでの経験が一つの「方法」となり、みなさんがリーダーの役割にやりがいを感じてくれて、楽しいと思ってくれたら、何よりうれしいです。

では、これから一歩ずつ、一緒に学習していきましょう。

弱者の気もちを理解する

組織のピラミッドといわれるものを見てみましょう。

図1-2を見ると、社長がトップ。権力、権限のある人ということになります。

会社に5人も10人も社長はいませんから、上に行けば行くほど、人数は少なくなり、下に行けば行くほど、土台がしっかりしてきます。それだけ人数も多いということです。ここでは会社を例に挙げましたが、見方を変えれば、部署、課、係など、細分化するなかにも組織はあり、私たちの仕事でいえば、フロアやユニットのなかにも組織図はつくることができます。そのなかでは、主任や副主任、リーダーといった立場の人がトップになる場合もあるでしょう。

トップは孤独です。よく、「リーダーは孤独」といいますが、それは、組織図を見てもわかるとおり、上に立てば立つほど、先が細くなり、人数が少なくなっていくからです。同じ立場の人がいなくなるということは、本当の意味での理解者、共感者がいないということです。孤独ですよね。しかし、もう一度、組織図を見てください。見方を変えれば、トップは

図1-2　組織のピラミッド

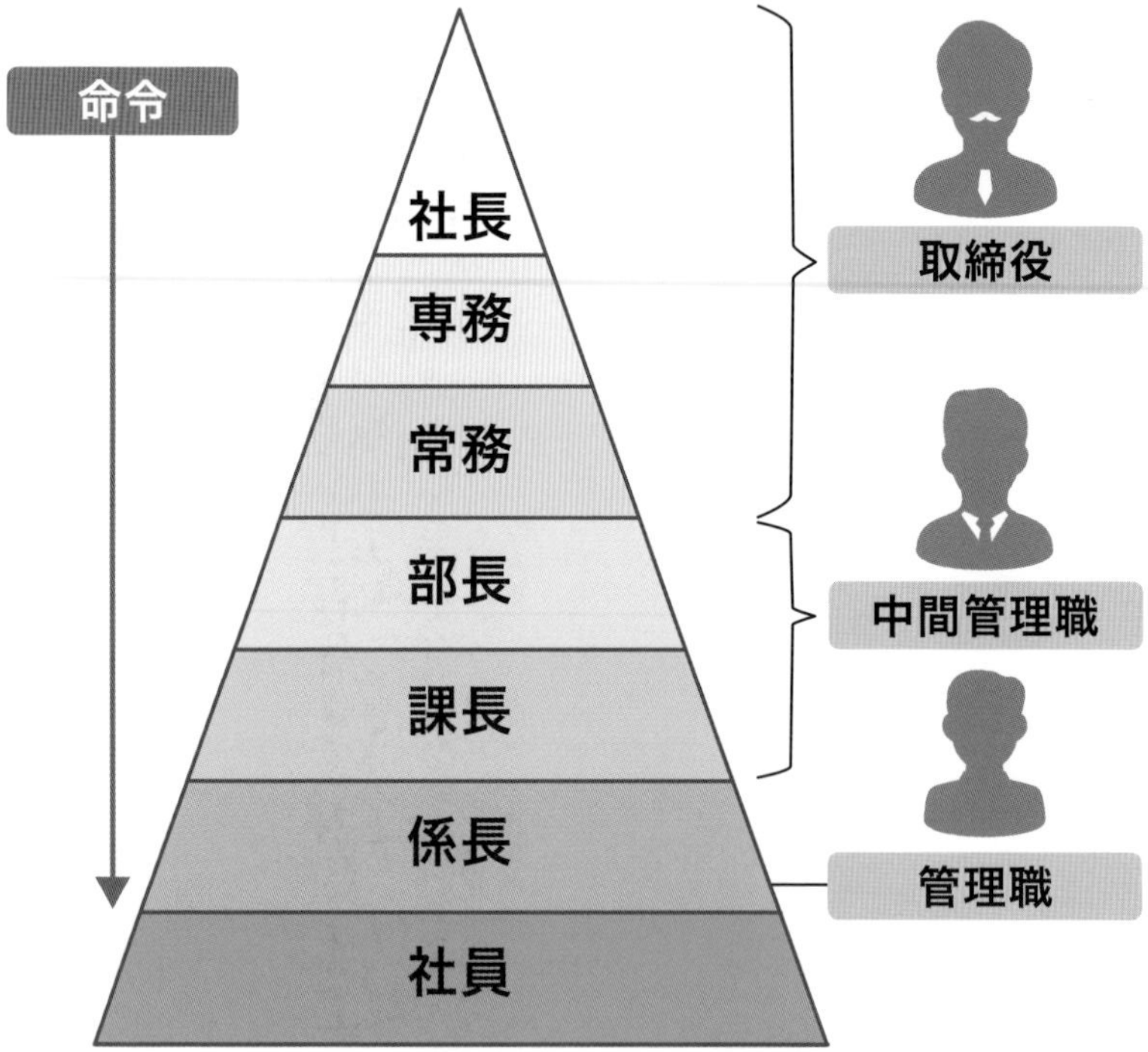

多くの人の上にいます。この人たちが支えになってくれれば、トップはいちばん安定したところにいることになるのです。「孤独なひとりぼっち」になるか、「みんなに支えられた人」になるか。これはトップの心がけ次第なのです。人の上に立つのではなく、人の役に立つ人をめざしましょう。そうすれば、あなたは孤独にはなりません。

組織図の下の層にいる人ほど権限を与えられていません。リーダーは、そういった人たちの気もちを理解することが大事です。いや、思い出すといった表現のほうが適切かもしれません。今はリーダーである人も、以前は一般職だったはずです。あのころ、「こんなリーダーがいてくれたら…」そう思ったことはありませんでしたか？ 今、その職位になったあなたは、そのときいてほしかったリーダーを演じればよいのです。

リーダーになると、事務的な仕事も増えてきます。マニュアルの整備や書類の作成、実地指導、第三者評価など、現場で介護することだけに集中できない環境になってきます。そうなれば、時には、勤務時間中に現場を抜けてパソコンに向かって事務仕事をさせてほしいと思うこともあるでしょう。早番、遅番などのシフトを抜けて、日勤としてフリーに仕事ができる日がほしいのも当然です。しかし、これをよしとしてくれない現場も多いですよね。現場の職員の多くが、「現場がいちばん大事だ」と言います。その考えは間違ってはいないですが、多くの職員は「現場主義」ではなく「現場至上主義」です。だから現場を抜けて事務仕事をしているリーダーは、「ダメなリーダー」になってしまうわけです。辛いですよね。

これを解決する方法があります。それは、現場を抜けないことです。だまされたと思って、数か月やってみてください。

大事なのは、リーダー自身の姿勢を示すことです。勤務時間はしっかり現場に入り、リーダーが理想とする介護を存分に実践してください。残念ながら事務仕事はその後に回します。「働き方改革」の現代社会にはそぐわない発想だと思われるかもしれませんが、ほしいのは結果です。リーダーが理想とする介護を、チームの仲間に浸透させるには、自ら実践して見せることが最もわかりやすく、効率のよい方法です。その点からも、リーダーが現場を抜けていいて現場が育つことはありません。

もう一つが、リーダーが抜けても、現場が不満を抱かずに理想の介護を実践するようにしていくことです。自分に与えられた仕事や役割に誠実に向き合い、ひたむきに努力していれば、だれかが見てくれているものです。

20年前、私は特養の介護職として、未経験で入職しました。素人ながら、現場に課題が山積していると感じた私は、必死に勉強しました。そして、学んだことを実践してきた結果、2年後に副主任を命じられました。提案したいことや上司から求められる書類などが増えていきましたが、私は現場を抜けて事務仕事をすることなく、すべて自分の時間を使って片づけました。何より現場が好きだったから…、ということもありますが、そんな仕事をしていると、ある日、一般の介護職の人から「山口さん、現場はいいですから、事務仕事をしてください。あとは僕たちでやりますから」と言われました。グループホームの所長をしていたときも、現場にばかり入っていたら「所長、自分の仕事をしてください」と怒られるようになりました。そういうものです。

現場の職員が上司に不満をもつのは、現場を気にかけてくれないからであって、現場の職員も、上に立てば現場以外の仕事があることくらいわかっています。現場を理解してくれない人のことは理解したくない。逆にいえば、現場を理解してくれる人のことは理解するのです。したがって、そう理解してもらえるまでの間は、現場を抜けずに頑張りましょう。そうやって気もちよく現場を抜けさせてもらえるようになれば、勤務時間中の事務仕事も可能になります。そうすれば、定時に帰ることができるようになります。これが本当の働き方改革。ほしいのは結果です。プロセスで苦労するのは当然です。

現場で権限を与えられずに働くことは、言い方を変えれば「自由がない」ということです。職場において弱い立場ということになります。しかし、その立場の人が大半を占めているので、その人たちの心をつかむことなく、リーダーシップが発揮できるはずがありません。介護現場の職員が待っているリーダーは、自分たちのことを理解してくれる人、上からではなく、同じ目線でものを見て、今、自分たちが何を見ていて、何が不安で心配で、何をしたいのか、それを理解し、実践してくれるリーダーなのです。

そのためには、現場に入りましょう。一人ひとりの息づかいを感じ、心配な職員、気になる職員がいたら、その日のうちに声をかけます。あまり早い時間に声をかけると、職員はずっと不安なまま仕事することになるので、勤務時間が終わる1時間くらい前に「終わった後、10分だけ時間くれる?」と声をかけます。面接の技法は、第8章でお伝えしますが、リーダーは常に、見られている緊張感と見てくれている安心感を与えていくことが大切です。具体的にシミュレーションしてみましょう。

①笑顔であいさつ

まずは、シフトがどうであれ、出勤したら全員に笑顔であいさつをします。今までしていなかった人は、急にするのは恥ずかしいかと思います。最初はみんな違和感があるでしょう。それでもスタートはここからです。私も今の職場に入職してから毎朝、全員にあいさつをして回りました。最初のうちはみんなから「よくやるよ」「いつまで続くかね」という冷たい視線を感じました。ところが3か月も続けると、みんなの冷たい視線は、明るいあいさつに変わりました。今ではみんな元気にあいさつを返してくれます。もう5年間ずっと続けています。

②率先垂範

次に率先垂範です。人のいやがること、面倒な業務などを自ら進んで行い、リーダーの姿勢を示します。気むずかしいご利用者の対応などもこれにあたります。人のいやがることを率先して行っていると、職員たちのなかに「感謝」という貯金がたまっていきます。それがいつか「このリーダーのためなら頑張ろう」という気もちに変わるのです。

③コーディネート

次はコーディネートです。ユニットやフロアの1日をコーディネートします。施設というのは、基本的にルーティンワークです。ご利用者の立場に立てば、昨日が今日でも、今日が明日でも変わらない…。そんな毎日になりがちです。そこに変化をつけるのも、権限のあるリーダーだからできること。「私がしばらく見ているから、○○さんとお散歩に行ってきたら？」「今日のおやつは、たこ焼きをつくろうか？」そんなイレギュラーなことも、リーダーだから言い出せます。本来、権限のあるリーダーと一緒に働けることは、職員にとって楽しいことなのです。これらは、その日、その瞬間のコーディネートですが、1か月のコーディネート、つまり、「勤務表づくり」も、リーダーの姿勢が見られる大きなポイントです。

④ みんなで勤務表づくり

もしもあなたが勤務表を作成する立場ならば、一人で黙々とつくっていてはいけません。勤務表は、みんなで考えてつくります。大事なのは来月をどう過ごすかを考え、勤務表づくりにみんなを参画させることです。職員たちにとって休みの希望も大事ですが、「来月、何かやりたいことある？」という投げかけはもっと大事です。初詣、節分、バレンタインデー、ひな祭りなどの季節行事も、だれかに任せるだけでなく、みんなで考えます。また、ご利用者のお誕生日が来月あるのなら、居室担当の職員は1日フリーにしてあげて、一緒に思い出づくりができるよう手伝ってあげるなど、大好きな勤務表の作成に参画してもらうのです。介護職の多くは勤務表が大好きですから、いちばん関心のあるところを一緒に考えてくれるリーダーに、不満をもつ職員はいません。実はここが肝になります。もし、あなたが勤務表をつくっていないなら、つくっている上司に相談しましょう。

⑤ 職員の誕生日を把握

おまけ的要素として、職員の誕生日を把握しておくとよいでしょう。さりげなく聞けたら、自分の手帳や携帯にメモしておきます。誕生日に手紙などを渡すと喜ばれます。「いつもありがとう」だけでもいいですが、できればもらった相手が「よく見てくれているんだ

表1-1 職員の心をつかむ方法

1 笑顔で あいさつ	①恥ずかしいけれど、明日から始めよう ②しばらくは無視されたり、ばかにされたりしても当然 くじけず、笑顔であいさつを続ける ③継続は力。いつか必ずみんなに気もちが伝わる
▼ 2 率先垂範	①みんながいやがる業務を率先して行う ②気むずかしいご利用者の訴えに、率先して対応する ③自分の業務が終わったら、すぐに他の職員のフォローに動く ④どんなに忙しくてもイライラせず、明るく働く
▼ 3 コーディネート	①散歩や買い物など、みんなに外出の機会を与える ②おやつやレクリエーションなどに、みんなを巻き込む ③みんなのやりたいことやみんなに経験させたいことを優先する ④他部署への連絡調整は自ら行う
▼ 4 みんなで 勤務表づくり	①翌月の勤務表を作成する前に、みんなに希望を聞く ②季節行事などを提案して、みんなで考える機会をつくる ③ご利用者の誕生日を把握し、居室担当と思い出づくりができるように勤務調整する ④勤務表づくりにみんなを参画させる
▼ 5 職員の誕生日 を把握	①さりげなく聞き出した職員の誕生日は、手帳や携帯にメモする ②誕生日（もしくは前後）にお祝いの声をかける。または、手紙を書き、感謝の気もちやふだんの仕事の評価を伝える ③職員に対し、常に気にかけているという「安心感」を与える

な」と思うような言葉を加えると、みんなにとっては安心感が増します。

優しい人を待っているのは、ご利用者だけではありません。権限のない人たちは、弱い立場なのです。そういう人の気もちに寄り添う優しい人になりましょう。ご利用者も職員も、優しいリーダーの登場を待っているのです。

実は人材育成がしやすい介護現場

介護職の人材育成に関する本が数多あるのは、人材育成がむずかしいと思われているからだと思います。なぜ介護職の人材育成はむずかしいのでしょうか。そもそも、介護職はどのように育てばよいのでしょう。

大規模な施設になると、ご利用者も多く、そういう施設ほど「業務」といわれることが優先されがちです。介護職はよく「業務を回す」という言い方をしますが、これは施設側が決めたタイムテーブルをいかに時間どおりにこなすか、ということをいっています。「業務を回す」職員がよい職員なのでしょうか。この本を手にとってくれた人は、おそらくそう思っていないから、この本を読んでくれているのだと思います。

たしかに、仕事というのは時間という制約があり、そのなかでよいパフォーマンスをすることが求められます。ある程度、時間を意識して動けない人は、介護の仕事といえど「優秀」とはいえないと私も思います。ただ、介護を職業とする私たちにとっての業務は、「介護サービス」です。サービス提供者であることを忘れてはいけません。

サービスにとって大事なことは何でしょう。それは、サービスを受けるお客様の満足度です。２０００年に介護保険法が施行されてから、私たちはサービスを受ける高齢者のことを「利用者」と呼んできました。この利用者と呼ばれる人たちは、サービスに対する利用料を支払い、介護保険料まで納めています。つまり、明らかに顧客であり、お客様です。お客様の期待に適合することがサービスですから、私たちがめざすものは、お客様の期待に応えることなのです。では、お客様（ご利用者）の期待は、「業務を回す」ことでしょうか。違いますよね。ご利用者の期待、代弁者でもあるご家族の期待は、「必要な介護を受けながら幸せに暮らすこと」ではないでしょうか。また、昨今では、多様化している個別のニーズに応えることもサービスには必要かと思います。このようなことが私たちに求められているのであり、「業務を回す」ことがご利用者の期待に応えることではないと、まずは認識すべきです。

ただ、これを介護職の評価基準にすることは、職場的に簡単ではないでしょう。多くの介護現場に、変化を好まないベテラン職員がいるものです。「業務を回す」ことこそ、優秀な介護職の証であると信じて疑わない、いや、その価値観しか認めない人たちです。

しかし、数多にあるサービス業のなかで、お客様の満足度よりも、業務を回すことのほうが評価されるサービスなど、あるはずがありません。サービスの評価基準は、お客様の満足度なのです。これをみなさんの職場で評価基準として明確にしなければなりません。

私が実際に職場で使用したツールを紹介しましょう。一つが、「介護職の上位職に求める

表1-2　介護職の上位職に求めるスキル

		氏名					
No.	大項目	評価項目	大変優れている	優れている	ふつう	できていない	問題あり
1	情報収集・分析・伝達力	社内の情報収集およびその分析。上司、部下、自分の課にかかわる情報を収集し、その情報を分析し、業務上、活かすことができる。	5	4	3	0	-5
2		必要な情報を上司へ伝達している。	5	4	3	0	-5
3		組織、上司からのメッセージを咀嚼し、自らの管轄の現場に浸透させている。	5	4	3	0	-5
4		自らの管轄するグループが目指すべき方向性を明示し、伴った行動ができる。	5	4	3	0	-5
5		顧客（ご利用者・ご家族）またはボランティア、関係機関からの要請や問い合わせに対し、高いマナーをふまえ、適切な対応をすることができる。	5	4	3	0	-5
6		介護に関する知識や技術について、常に情報収集に努め、最新のものに更新している。	5	4	3	0	-5
7	業務遂行力	日常業務の処理や課題解決能力。ご利用者はもちろん、職員に対して安心感をもたせる1日をコーディネートすることができる。	5	4	3	0	-5
8		的確な判断力。その場に合わせた的確な判断ができる。のちにふり返ったときに、その判断が的確であったと思える判断ができる。	5	4	3	0	-5
9		イノベーションの創出。有益な業務改善、新しい介護モデルの立案、サービスの立案、および実施。魅力あるサービスを提供する力がある。	5	4	3	0	-5
10		自らもプレイヤーとなり、監視・監督ではなく、行動で部下に示すことができる。	5	4	3	0	-5

表1-2　介護職の上位職に求めるスキル（つづき）

No.	大項目	評価項目	大変優れている	優れている	ふつう	できていない	問題あり
11	ソーシャルワーク・マネジメント力	部下一人ひとりの性格や長所・短所を理解し、通り一遍ではない個々に応じた指導・育成をすることができる。	5	4	3	0	-5
12		人間関係上のトラブルの早期発見と早期解決ができる。	5	4	3	0	-5
13		自分の部署以外の職員との連携強化や人脈をつくることができる。ご利用者、ご家族、ボランティア、関係者などと積極的に親交を深め、信頼関係を構築することができる。	5	4	3	0	-5
14		会議等の場でファシリテーターとしてスムーズな進行をすることができ、結論に導くことができる。個人に対する面談等でも、的確なアドバイスとモチベーションを向上させることができる。	5	4	3	0	-5
15	コンプライアンス力	労働関連法規の遵守。個人情報の適切な管理や内部統制、適切な労働時間の管理ができる。	5	4	3	0	-5
16	その他	評価項目以外に特筆すべき実績をあげている。 （実際のエピソード：　　　　　）	5	4	3	0	-5
17		身だしなみ・マナー。清潔感のある身だしなみ、気もちのよいあいさつ、言葉づかい、常識ある言動が当然できている。	0	0	0	-5	-10
18	最重要ポイント	魅せる介護ができる。介護に関する知識が豊富で、技術は確かなものがあり、それを実践、指導することができる。考え方、発言の中心に、常にご利用者がおり、まわりから一目置かれる存在である。	20	15	10	0	-10
	総合評価						

＊数字は配点を示す。

スキル」という評価シートです（表1-2参照）。一見すると、少しビジネススキルを求めた項目のように見えますが、最後の18番の設問を見てください。「最重要ポイント」として、「魅せる介護ができる。介護に関する知識が豊富で、技術は確かなものがあり、それを実践、指導することができる。考え方、発言の中心に、常にご利用者がおり、まわりから一目置かれる存在である」と示しています。

実際に、シートに自己評価を記入してみてください。前半のビジネスライクな感じと、リーダーシップを求められている設問では、あまり高い点数がとれない人もいるかもしれません。それでも最後の最後で総合点がきっとよくなるでしょう。18番の設問が、介護職として最も重要なことだから配点が高いのです。

この評価シートでは、実際に介護職に必要なスキルを明確にしただけでなく、組織としての姿勢も示しています。「介護職のリーダーは、常に利用者本位で物事を考え、行動する人であるべき。それが組織としての介護職の評価基準である」と、明確にしたのです。介護職が利用者本位であることに、異議を唱える人はいないでしょう。大義は言葉にするだけではダメです。大義を可視化することに大きな意味があります。

もう一つ、実習生へのアンケートを使用した例を紹介します（図1-3参照）。

多くの介護施設が、介護福祉士の資格取得や実務者研修などのために学ぶ人を実習生として受け入れています。この実習生のみなさんに、最終日にアンケートをとります。大事なの

図1-3　実習生アンケート

実習生アンケート

氏名

実習期間

年　月　日（　）～　　年　月　日（　）

所属機関（学校）

質問

①施設の印象はいかがでしたか？

②実習中に何か困ったことはありましたか？

③実習中に取り入れてほしいプログラムなどはありますか？

④目標にしたい職員はいましたか？

は、最後の設問。「目標にしたい職員はいましたか?」と問います。さらに大事なのは、このアンケートを実施する前の職員へのアナウンスです。

私は、「私の経験上、実習生が目標にしたい職員には、三つの特徴があります。①優しいこと、②忙しくてもイライラしないこと、③質問などにていねいに答えてくれること。実習生はこういう職員を目標にします。しかし、これって実は、ご利用者が職員に望んでいることと同じなのです。優しいこと、忙しくてもイライラしないこと、ていねいに答えてくれること。つまり、実習生が目標にしたい職員は、ご利用者が望む職員であり、組織としてこれを当然、評価します」と事前にアナウンスをしました。

このとき、意図していたのは、ある介護職をリーダーにすることでした。介護職のTさんは、ご利用者に優しく、どんなに忙しくても人手が足りなくてもイライラせず、ご利用者のニーズにいつでもていねいに対応する素敵な職員でした。しかし、まわりの職員からの評価はあまり高くない。本来、彼のような職員がリーダーになるべきなのに、いわゆる「業務を回す」ことよりも、利用者本位の彼は、まわりの職員からあまり評価されていなかったのです。そこで、実習生にこのアンケートを実施したところ、大的中。1年をとおして何十人と来る実習生が、目標にしたい職員の名前を、ほぼ全員「Tさん」と書きました。今、Tさんは介護主任になっています。

多くの介護リーダーが、利用者本位の介護をしたいと思いながら、職場環境の改善に苦労しています。そもそも介護の仕事に志をもって入職した人ばかりではない…。ある程度の年齢になって失業した人などは、ハローワークで介護の仕事を勧められる場合が多い…。そういったやむを得ず入職してきた人も多いのです。そういう人に、指導することはとてもむずかしく感じます。

しかし、介護の仕事は、実のところ、優しくて親切なことが大事です。日々の業務や急変時の対応など、覚えることは他にたくさんありますが、結局のところ、ご利用者に対する想いがあれば、必要な知識として覚えていくのです。大切なのは、心です。心の教育こそ、介護職に必要なことなのです。

そういう意味でいうと、介護職は、人材育成がむずかしい職業ではありません。それはだれしもが自分に置き換えて考えやすい仕事だからです。

介護の仕事は、とどのつまり「自分がされていやなことはしない。うれしいことはする」。それがベースです。そのうえに、専門職としての知識、技術、判断力などが必要になってきますが、あくまでもベースは、優しさや思いやりなのです。

人間はだれしも歳をとります。それを目の当たりにするのが、まず親の老化です。自分を育ててくれた厳しい父親、優しい母親も、歳をとって自分のことが自分でできなくなったり、認知症になったりします。そんな親の姿を子として受け入れなければなりません。自分の親が他人から介護をされるとき、どのような介護を受けてほしいでしょうか。どのような人に介護してほしいでしょうか。きっと「優しい人」だと思います。知識や技術はあったほうがよいに決まっていますが、それ以上に、「優しくしてほしい」「親切にしてほしい」と願う…。それはふつうの感情です。だから、介護場面で息子さん、娘さんからいただく苦情は、たいていがマナーの欠如に関することなのです。たとえ今は自分で動けなくなったり、認知症になって少し前のことがわからなくなったりしていたとしても、自分を育ててくれた大切な親なのです。

私は、マナーの欠如した職員に問います。

「自分の親がそうされたらどう思いますか?」

動けなくなっても、認知症になっても、みんなだれかの大切な子どもであり、だれかの大切な妻や夫であり、だれかの大切なお父さん、お母さんであり、だれかの大好きなおじいちゃん、おばあちゃんなのです。そのような人をぞんざいに扱うことなど、その人たちの気もちを想ったら、できるはずがありません。

自分に置き換えてみましょう。自分の親に置き換えてみましょう。それさえベースにあれば、あとの知識や技術は自然と身についていきます。

知識と技術は車の両輪のようなものです。それを正しく動かすエンジンが「心」です。だから心を育むことが大事なのです。

くり返しになりますが、問うべきは、「自分の親がそうされたらどう思いますか？」ということです。

介護は選ばれた人間だけが受けるものではなく、だれしもが通る道。だから、わがこととして考えやすい。実は、人材育成がとてもしやすい職業なのです。

第2章

一人ひとりを「主人公」として見る

本気のダイバーシティ・マネジメント

漫画もドラマも映画も、主人公はたいてい一人。一人の主人公の苦悩、努力、葛藤、成長を描き、見る人は共感したり、応援したり、主人公に感情移入しながら行く末を見守ります。物語には、当然、脇役も登場しますが、本当は一人ひとりが自分の人生を生きていて、人生に脇役なんて存在しません。通行人Aなんていないし、村人Bもいません。みんなが「自分」という人生の主人公なのです。

実業家の稲盛和夫さんは、「人生とはドラマであり、私たち一人ひとりがその人生の主人公である。それだけでなく、そのドラマの監督、脚本、主演、すべてを自分自身でこなすことができる」と言っています。ただし、主人公としてどう生きるかという脚本を書くセンスは万人に備わっているわけではないので、リーダーが一人ひとりに、この脚本を書いてみてはどうでしょう。一人ひとりが主役となるように、マネジメントしてみてはどうでしょうか。それが、私の考えるダイバーシティ・マネジメントです。

ダイバーシティ・マネジメントとは、次のように定義されます。

企業が従業員の多様な個性（属性、働く条件の違いなど）を柔軟に受け入れ、多様性を活かしながら組織力を強化すること。

ダイバーシティとは、「多様性」のことです。つまり企業などにおいては、性別や国籍、宗教などにかかわらず、さまざまな人が多様な働き方をすることをさしています。

介護の現場においても、今は外国人が多く働きはじめています。そういった意味では、国籍などに縛られず受け入れるダイバーシティが取り入れられているといえます。しかし、ダイバーシティの本当の意味、価値は、外国人に働いてもらうことや宗教を越えて働いてもらうことではありません。大事なのは、多様な価値観を受け入れることです。これがチームマネジメントやリーダーシップにおいて、とても重要な意味をもつのです。

くり返しになりますが、現在の介護業界は、介護の仕事をしたくて入職した人ばかりではありません。介護とは何か？　ということを専門学校や大学で教育されてきた人ばかりではなく、ハローワークで勧められたから、という理由で就職する人も多いのです。したがって、「介護保険法の第1条（目的）は、個人の尊厳を保持すること」、なんて話をしても「？？？」な人も多くて当然です。通り一遍の指導でマネジメントはできないのです。まずは、みんなの個性を理解しましょう。ダイバーシティ・マネジメントを導入するために必要なのは、職員同士の密なコミュニケーションです。

私が社会に出たばかりのころ（30年以上前）は、社員同士が仲よくなるには、「飲みにケーション」がいちばんといわれていました。つまり、お酒を飲んでお互いに腹を割って話し合うという時代でしたが、今の若者は、「飲みにケーション」を嫌うそうですね。

ちょっとさびしい気もしますが、そうなると、勤務時間中のコミュニケーションが大事になりそうです。介護をしている最中はご利用者と接していますから、休憩時間の過ごし方が大事になります。ランチミーティングができる食堂や使用していない会議室などの使用を施設長にお願いしましょう。まずはお互いを知ることが大事です。そこで、私が施設内で使用したのが、「職員ウィキペディア」です（図2-1参照）。

入職したばかりのころは、多くの職員があいさつで「まずはご利用者の顔と名前を一致させられるように…」なんて言いますよね。でも、これは介護職としての大義名分みたいなもので、本当は職員の顔と名前を一致させないと職場では生きづらいものです。そんなとき、あると便利なのが「職員ウィキペディア」です。さすがに持ち出しは不可としていますが、食堂や会議室に置いておけば、休憩時間中に見ることができます。年齢や出身地が同じだったりすると一気に親近感がわきますし、趣味が同じなら話が合います。性格や「私ってこんな人」などがわかると、職員の人となりがわかり、コミュニケーションがとりやすくなるものです。

長年、同じ職場で働いていても、職種やフロア、ユニットが違うと、同じ職場にいるにも

図2-1　職員ウィキペディア

氏名	山口　晃弘（やまぐち　あきひろ）		
年齢（非公開可）	49歳	出身地	東京都
職種（職位）	施設長		
経験年数	20年		
趣味（特技）	猫が大好き　下段廻し蹴り		
私の性格	我ながら呆れるほどメンタルは強い		
私の介護観	ご利用者には優しく親切に。 ご利用者に危害を加えることは絶対に許さない。 ご利用者に「長生きした甲斐があった」と思っていただけるような介護をしてほしい。		
私ってこんな人	ウルトラマン、仮面ライダーになりたくて、この仕事を始めました。困っている人を片っ端から助けるのが私の夢です。		

かかわらず、ほとんどお互いを知らない者同士がいるものです。逆に、同じユニットだからこそ、勤務が合わないとか、休憩時間が一緒にならないなどの理由で、あまり話したことがない、なんてこともあり得ます。やはりお互いを知ることはよいことですし、特に一人ひとりの介護観など、改まって話す機会はあまりないですから、リーダーがそのきっかけをつくることは大事になります。ツールは何でも構いません。私の場合は「職員ウィキペディア」などというアナログなものしかできませんでしたが、若い人ならＳＮＳなどさまざまな媒体を使ってできるのかもしれません。自分の職場に合った方法を考えてみてください。

紹介する内容も、みんながコミュニケーションをとるのに必要な情報がよいでしょう。これをリーダー一人で考えずに、みんなの意見を聞くことが大事です。どんなことでもそうですが、ダイバーシティ・マネジメントに大事なのは、みんなの「参画」です。リーダーのやることに黙ってついて来るタイプの人は、今の世の中あまりいません。リーダーのひとりよがりにならないようにするためにも、「始める」前の「つくる」「考える」段階で、みんなに参画してもらうのです。「自分たちも一緒にやっていること」と思えることが今後の運営をスムーズにさせます。職員たちが組織やリーダーに対して不満をもつ理由のほとんどが「聞いていない」「知らない」ですからね。逆にいえば、「聞いている」「知っている」ということが職員の不満を解消することになるということです。

もう一つ、職員の個性を知ることのメリットは、長所を活かした役割を任せる、もしくは

みんなバラバラの個性だけど、チームはいつもみんなで「ダーッ！」

つくることができるということです。介護は生活支援ですから、介護と直接関係がなさそうなことでも、生活のなかに活かせる行為はすべて活かせるといっても過言ではありません。ＤＩＹが得意だったり、料理が好きだったりすれば最高です。修理を頼んだり、ご利用者と料理をする日やおやつづくりをする日を任せたりできますよね。

私たちの施設では、「ちと学」という学校の授業のようなことをやっています。千歳敬心苑の「ちと」と学校の「学」を合わせて「ちと学」とです。ここでは30分から1時間の授業を職員に受けもってもらいます。職員が先生になって自分の特技を披露し、ご利用者に学んでもらうのです。ちょっとしたリカレント教育です。職員の特技は、学問に限らず、むしろダンスとか、方言講座とか、ユーモアのある授業のほうが評判がよいようです。こうして、職員一人ひとりの個性が輝く場面をリーダーが形にします。この延長線上に、介護という本来業務のなかで、それぞれの介護観を活かす土台ができるのです。

そこで、みなさんがきっとむずかしく思うのは、「みんなが自分の介護観で勝手に仕事をしていたら、チームとしてまとまらなくなってしまう」ということでしょう。そのとおりです。ダイバーシティ・マネジメントを導入することによって、より大事になるのが組織やチームのビジョン、コーポレート・バリュー（調べてみてね）を明確にし、職員に浸透させることです。

取り組む順番を整理してみましょう。まずは、「職員ウィキペディア」のように、職員一人ひとりの個性を理解する努力を形にします。それと同時に、日ごろからコミュニケーションを密にとり、職員の個性、やりたいこと、介護観などを知ることに努めます。次に、ユニットやフロアなどのビジョン（第7章参照）を明確にしましょう。このときに大事なのが、リーダーシップです。あなたが考えるユニットやフロアのあるべき姿、目標を定めましょう。そして、この目標を一人ひとりにていねいに伝えてみてください。このとき、気をつけなければいけないのは、あなたの考えた目標はまだ「完成」ではなく、あくまでも「柱」であるということです。前述したように、「始める」前の「つくる」「考える」段階でみんな

図2-2 「みんなの家」（目標や計画）の建て方

リーダーが責任感から、一人で家（目標や計画）を建てても、職員は「聞いていない」「知らない」となります。

建てたい家はあるけど、みんなはどう思うかなあ。みんながついてきてくれないと困るからなぁ…。

▼

家（目標や計画）を建てる前に職員に相談して意見をもらいます。「始める」前の「つくる」「考える」の段階から、みんなに参画してもらうのが大事なのです。

リーダーはいつも私たちのことを気にかけてくれるから、一緒に考えます！

▼

みんなで建てた家（みんなで考えた目標や計画）だから、みんなが守ろうとするのです。これがダイバーシティ・マネジメントの第一歩です。

に参画してもらいます。みんなの意見を聞いて、あなたの考えた「柱」に肉付けしていくのです。そうすることで、あなたの考えは理解され、みんながあなたに協力してくれるはずです。なぜならそれは、ふだんからあなたがみんなのことを理解しようとしているからです。あなたがみんなの個性を日ごろから尊重し、みんなが活躍できるようにしている、その想いが伝わっているからです。ダイバーシティ・マネジメントとは、みんなの個性、力が発揮されるようマネジメントするだけではなく、そういう想いをもったリーダーに協力してくれるチームをつくるためのマネジメントなのです。

一人ひとりを主人公にした脚本を書く

あなたの勤める施設には、何人のご利用者が生活していますか。何人のご利用者が通っていますか。もしも50人のご利用者がいたとします。あなたは勤務時間中、50人のご利用者をみなければならないとしたら、ご利用者一人ひとりの存在は50分の1になっていませんか。一人ひとりをかけがえのない存在として、いつも接していますか。

たとえば、自分の母親がご利用者の一人だと想像してください。お母さんは片麻痺があって、自分でトイレに行くことができません。職員が忙しそうにしているから、できるだけがまんします。頃合いを見計らって、お母さんは職員に「おトイレお願いします」と声をかけました。職員は忙しそうに、「ちょっと待っていてください」「順番にご案内していますから」とトイレに連れて行ってくれません。さらに、忘れられたかのように、職員同士で談笑しはじめ、お母さんは悲しそうな表情でトイレの前で職員を待っています。

自分の母親がこのように対応されていたら、ほとんどの人が悲しい気もち、悔しい気もちになると思います。一方で、このときの介護職の気もちはどうなのでしょう。「私たちは50

人のご利用者を見なければいけないのだから、一人ひとりに対応しきれない」「忙しいんだから仕方ない」「人（職員）が少ないからできなくても仕方ない」。そんな言い訳が成り立ってしまうのかもしれませんね。

ただ、冷静になって考えてみてほしいのです。80年、90年と苦労して生きてきた人の晩年が、このような粗末な扱いを受けてよいものかどうか。だれだってトイレには自分で行きたいと思っています。他人に下の世話なんかされたくありません。それをお願いしなければならない人の気もちはどうなのか…。悔しくないだろうか…。

みんな同じ人間です。今はおばあちゃんでも、生まれたときは赤ちゃんでした。生まれたとき、親や家族はどれほど幸せに思ったでしょうか。どれほどこの子の幸せを願ったでしょうか。お父さんやお母さんは、この子のために一生懸命働き、必死に育てました。友だちができて、恋人ができて、やがて大人になり、一生懸命働きました。愛する人ができて結婚し、子どもが生まれました。今度は自分の家族のために必死に働きました。やがて歳をとり、身体は老いて、今までできたことができなくなりました。悔しい思い、辛い思いをたくさんして、それでも一生懸命生きてきました。

一人ひとりにこんな歴史があります。私たちが介護しているのは、このような人生を生きてきた人たちなのです。まず、そのことを肝に銘じてほしいのです。

そして、それは職員も同じです。

あまり目立たない職員も、介護の仕事にやる気がなさそうに見える職員も、一人ひとりが自分の人生を一生懸命生きているのです。先ほどの話と同じように、この子が生まれたとき、親、家族はどれほど幸せに思ったでしょうか。どれほどこの子の幸せを願ったでしょうか。人間はみんなだれかにとって大切な人、かけがえのない人なのです。高齢者に向き合うときと同様に、職員に対してもそのことを念頭に置いて指導しましょう。リーダーのあなたには、10人、20人の部下がいるかもしれません。仮に、その人たちのことを10分の1、20分の1のように思っていたら、いつまでたっても部下の信頼は得られません。一人ひとりがかけがえのない存在。そう考えることも、ダイバーシティ・マネジメントです。

あなたは、職員一人ひとりを主人公として脚本が書けますか。

私は、ケアマネジャーをしていたころ、ご利用者一人ひとりが主人公になるために、脚本のつもりでケアプランをつくっていました。私の記憶が正しければ、ケアマネジャーの資格を取ったとき、「ケアプランとは、ご利用者本人のためのもの。そのプランを見たご本人が、この身体で頑張って生きていこう！　と思えるものがよいプランである」と教わりました。その教えを忠実に守り、ケアプランをつくるときには、「まずご本人のニーズを最優先。排泄介助なんてそこそこに、やりたいこと、食べたいもの、行きたいところ、会いたい人、それこそがご本人のニーズであり、やりたくもないリハビリテーションなんて必要なし」と考

表2-1　ケアプランの例（簡易版）

解決すべき課題（ニーズ）	長期目標	短期目標	サービス内容
子どものころの通学路だった善光寺さんにもう一度、行きたい。	故郷である長野県の善光寺さんへ行く。	長野県と東京都を往復する体力をつける。	①約20年ぶりの長野です。向こうにいる弟さん、妹さんも会えるのを楽しみにしているとのことなので、お二人に元気な姿をお見せしましょう。善光寺、食事、ご両親のお墓参りをセッティングします。 ②まずは体力をつけることです。東京から長野は片道3時間。旅行当日まで、日中は起きて過ごすようにしましょう。1日2回、歩行訓練をして体力アップです！ ③善光寺さんのお蕎麦が食べられるよう、食事形態のアップにチャレンジしましょう。歯科衛生士の助言も聞きながら、お口の体操をしたり、長文を朗読したりして、頑張って練習しましょうね。
おしゃれをして出かけたい！	スタイリッシュに出かける！	薄型軽快パンツに切り替える。	スタイルのいいMさんは、おしゃれな服を着こなせます。ズボンがごわごわしないように、薄型軽快パンツに切り替えましょう。濡れているような気がしたり、出そうだなと思ったら教えてください。薄型軽快パンツに切り替えられるように、一緒に頑張りましょうね！

えていました。ただし、介護保険法の目的は自立支援なので、ご本人が目標や目的をもって取り組むことができるリハビリテーションを組み込みます（表2-1参照）。

やりたいことを叶えるため、おいしいものを食べに行くため、想い出の場所へ行くため、会いたい人に会うため…、そのために頑張ってトレーニング（リハビリテーション）をするのです。

これこそが介護保険法の目的である「自立支援」ではないでしょうか。本人のニーズでなければ「頑張っていこう！」とは思えません。やりたくもないことをやらされるようなリハビリテーションなら、やらないほうがいいくらいです。本人のやりたいこと（ニーズ）を把握して、そのうえで自立へと導く支援をする。この手法は人材育成とも共通しています。

ここで、職員一人ひとりを主人公にした脚本を書くための準備をしましょう。

やるべきことは、職員一人ひとりの個性、ニーズを把握すること。そして、リーダーは一人ひとりの目標を設定し、職員のニーズとマッチングすることです（図2-3参照）。

しかし、ここまではあくまでも準備です。これから実践していくことになります。

どのように実践していけば、職員の心と身体は動くのでしょうか。

図2-3　一人ひとりを主人公にした脚本を書くための準備

❶ 職員の個性を理解する

「職員ウィキペディア」やランチミーティングなどを使って、職員の人となりを理解します。

出身地や趣味など、直接、仕事と関係ない情報も収集するとよいでしょう。

▼

❷ 職員のニーズを把握する

職員のやりたい介護、やりたいポジションや役割などを把握します。
担当のご利用者との外出など、大小関係なく目標が聞けるよう工夫しましょう。

▼

❸ リーダーが考える職員の目標

職員にどのように成長してもらいたいか、任せたい役割やポストなどを検討します。

▼

❹ マッチング

職員個人の目標とリーダーが考える職員の目標をすり合わせます。
既存のものだけでなく、新たな役割の創出につながるかもしれません。

ストーリーテリングを身につける

ストーリーテリングとは、聞きなれない言葉かもしれません。これは、伝えたいことを物語化することによって、聞き手に強く印象づける手法です。

伝えたいことを単語や抽象的な言葉で伝えても、なかなか相手に伝わりにくかったり、伝わったとしても印象が薄く、忘れられてしまうことがほとんどです。私たちは、幼いころに聞いた童話やおとぎ話を、なぜ大人になった今でも覚えているのでしょう？　それは物語だったからです。物語であって、さらにその物語が非常にわかりやすい内容だったから、私たちの記憶に今も刻まれているのです。つまり、事実や数字を並べるよりも、ストーリーで説明するほうが人の記憶に残りやすいということです。

現在では、多くのグローバル企業の経営者や管理職がこの手法を学んでいます。なぜなら、どんなにすばらしい製品やサービスを開発したとしても、どのように広めていくかが重要であるからです。大きな企業では、ストーリーテリングを専門とする人がストーリーテラーとして、役職化されているほどに重要視されています。この手法は、企業の人材育成部門においても、注目されています。私の印象では、介護業界にこそ、ストーリーテリングの手法がマッチしていると思っています。実際、私は介護現場での人材育成に、この手法を15年以上も使い続けてきました。今回は、介護現場における人材育成の手法として、このストーリーテリングを一緒に学んでいきましょう。

まず、介護現場において、このストーリーテリングは、どのように使うことができるでしょうか。私がこの手法を使い始めたのは、介護の質を向上させるためでした。私が勤務していた当時の特養は、ご利用者に対して十分に検討されないまま身体拘束が行われていました。胃ろうを抜かないようにと、手を柵に縛られていたり、車いすから立ち上がらないようにと、Y字ベルトで縛られていたり。それ以外にも、ご利用者に対するスピーチロックといって、言葉で行動を抑制することが横行していました。職員のなかには「忙しいんだから仕方ない」という言い訳が成り立ってしまっていたようです。どうしてご利用者を大切にすることができないのだろう…。自分が同じことをされたらどう思うか？　自分の親がそうされたら？　そんな気もちをどうやって育めばいいのか、どうすればご利用者をもっと大切に思ってくれるのか…と考えた私は、ご利用者の生活歴に目を向けました。

これまでも、ご利用者の個人ファイルには「生活歴」という欄がありましたが、そこに書かれていることは、出身地、家族構成、職業、いつから介護を必要とするようになったか、という大まかな情報だけでした。本来であれば、ご利用者一人ひとりの人生、生活習慣や個性が尊重されなければならないのに、これではご利用者のことがまったく記憶に残りません。私たちの仕事は「高齢者介護」です。私たちにとってご利用者は、はじめて出会ったときから「高齢者」であるため、一人ひとりに長い人生の歴史があること、家族や愛する人の想いがあることまで、なかなか想いを馳せられないのも当然かもしれません。

そこで私は、ご利用者の生活歴をご本人やご家族からしっかり伺いました。それをただ時系列で書くのではなく、物語化して四つの型にはめたのです。

古今東西、世界中で愛される物語には、四つの型があります（図2-4参照）。ご利用者の生活歴をこの四つの型にはめ、職員にストーリーテリングを行いました。すると、それまで50人のなかの一人にすぎなかったご利用者が、一人ひとり身近な存在に感じられるようになり、自分たち（介護職）にとって業務の対象でしかなかったご利用者が、かけがえのない尊い存在として、意識が変わっていくのがわかりました。①この人はどんな人で、②どんな時代を生きて、どんな苦労をしてきて、③どれだけの努力をして、乗り越えてきて、④そういう人が高齢になって介護を要することになった。そこで出会った私たちは、この人に何がしてあげられるだろうか…。何をすべきだろうか…。というように、考えられるようになっていったのです。

図2-4　世界中で愛される物語の四つの型

❶ 平穏な状態

主人公の日常を紹介することによって、自分たちと同じようにふつうの人であることに共感を得ます。

▼

❷ 事件発生

平穏な日常が崩れる大きな出来事が起こります。主人公は悩み、苦しみます。

▼

❸ 事件解決のための努力

主人公は、厳しい現実から抜け出すために必死に努力します。

▼

❹ 真実の発見

苦しい努力の結果、事件は解決。みんなが大好きなハッピーエンドです。

物語を書く、というとハードルが高い気がしますが、事実を型にはめていくと考えれば、決してむずかしいことではありません。情報収集だけしっかりできればよいのです。

次は情報収集の仕方、質問の内容などを整理してみましょう。表2-2をご覧ください。これは、あるご利用者の特養入所時の生活歴をまとめたものです。これまでの生活歴は、たった4行でまとめられたものでした。しかし、詳しく伺うと、ご利用者の人生がどのようなものだったのか見えてきます。下のほうがご利用者の人となりが見えてきませんか。苦労して生きてきた人生が報われてほしいという感情が芽生えてきませんか。実は、この生活歴は時系列に書かれているだけでなく、先ほどの四つの型にはめて書かれているのです。

❶平穏な状態（男の子と相撲をしたり、木登りをしたりして遊ぶ活発な子だった）
❷事件発生（太平洋戦争開戦。父が戦死し、兄が徴兵された。幼い弟たちの面倒をみながら学校へ）
❸事件解決のための努力（進学を断念し就職。結婚後も夫の会社の倒産による借金を背負い、働き詰めになる。やがて夫の介護に10年を費やし、過酷な人生ゆえに、病気がちとなる。82歳で要介護状態となり、「息子に迷惑をかけたくない」という気もちから、施設入所となった）
❹真実の発見（「真実の発見」ができるかどうかは、私たちにかかっている）

表2-2 「生活歴」の比較

これまでの生活歴

1931年11月、東京都中野区に５人兄弟の長女として生まれる。中学卒業後、自転車工場へ就職。そこで夫と出会い結婚。一男一女を授かる。82歳のときに自宅で倒れ救急搬送。脳梗塞と診断され、後遺症として右半身麻痺となった。長男夫婦が介護していたが、在宅介護が困難となり、特養への入所を申請した。

▼

ストーリーテリングを導入した生活歴

1931年11月、東京都中野区に５人兄弟の長女（長男、本人、次男、三男、次女）として生まれる。幼少期は、男勝りで活発な子で、男の子と相撲をしたり、木登りをして遊ぶような子だった。

10歳のときに太平洋戦争が開戦。父が戦争で他界し、長男も徴兵されたため、戦時中は幼い三男と次女の世話は氏がしていた。中学校まで幼い次女をおぶって学校に行っていた。「お米をくれると聞けば30km以上離れた親戚の家まで草履を履いて歩いて行った。家族を守るため、食べるため、生きるために必死でした」と氏より。

戦争が終わり、中学校を卒業すると自転車工場へ就職。「本当はもっと学校に行きたかったけど、家族を養うことと、一人でも食べ物を消費する家族が家からいなくなったほうがよかったから」と就職を選択。自転車工場では、毎日、部品をつくる流れ作業だった。当時の工場長だった15歳年上の男性に見初められ、猛アタックを受けてお付き合いをはじめ、翌年に結婚。氏が20歳のときだった。

その後、一男一女を授かり、専業主婦となるも、氏が30歳のときに夫の勤め先が倒産。家計が苦しく借金を背負ったが、夫は過酷な労働による過労で病気がちとなり、氏が昼間は事務の仕事、夜は清掃の仕事に出るようになった。やがて子どもたちは大学を卒業し、息子は大手電機メーカー、娘は出版社へ就職した。二人とも結婚し、現在、氏には孫が二人（男の子と女の子）がいる。15歳年上の夫は、70歳のときから認知症（当時は、痴呆症）を発症し、やがて寝たきりになり、80歳で他界した。その間、氏が一人で夫の介護をしていた。

長年、一人で家庭を支えてきた影響もあり、氏は高齢になると病気がちになった。夫の他界後は自宅でひとり暮らしをしていたが、82歳のとき、自宅で倒れたところへたまたま息子が顔を出して発見。救急搬送し、一命は取り留めた。脳梗塞と診断され、後遺症として右半身麻痺となり、ひとり暮らしは困難となった。長男夫婦が同居し、主に長男の妻が介護をしていたが、子どもの受験などと重なったことを気に病んだ氏から「施設へ入りたい」と長男に相談。この度の入所申請となった。

この四つの型に必要な情報を得るには、ヒアリングのときにご本人やご家族が話してくれるための開かれた質問（オープンクエスチョン）が大事になります。

誕生、家族、学校、仕事、結婚、出産、子育て、介護など…。人生のライフイベントにおいて、その時々をどのように感じていたか、それらのことをイエス・ノーではなく、ご自身の言葉、もしくはご家族の言葉で聞かせていただくことが大事です。

「老人ホーム」なので、ご利用者は出会ったときから高齢者です。でも、今は高齢者であるご利用者にも、一人ひとりに家族や愛する人がいて、仕事や夢、人生があったことに想いを馳せること。これこそが介護職がもつべきマインドであり、そのマインドを育てる手法の一つとしてストーリーテリングがあるのです。

この方法は、職員の人材育成にも応用が可能です。四つの型やヒアリングの方法を用いれば、一人ひとりを主人公にした脚本は書けるでしょう。ただ、大事なのは「❹真実の発見」です。「真実が発見できるかどうか」は脚本家次第です。職員一人ひとりにも❶から❸のような人生があり、だからこれからどうなってほしいか…。何が彼、彼女にとって真実なのかを一緒に考えてあげてほしいのです。これは、ご利用者に対しても、職員に対しても同じです。つまり、リーダーであるあなたが、いかに相手を想い、相手のために何ができるのかを追求することが大事なのです。そこには「愛」が必要かもしれません。

たとえば、職場のなかで「問題あり」とレッテルを貼られてしまっている職員のSくん。そのようなレッテルを貼られてしまった原因は何だったのでしょう。さかのぼってみると、彼は遅刻、欠勤が人より多かったようです。勤務時間になっても連絡がないまま来ない。職場から何度も彼の携帯に電話をかけますが、留守電になってしまい、折り返しの連絡もない。1時間ほどして、彼から職場に電話がかかってきました。「頭痛がひどくて、今日は休ませてください」とのこと。こんなことをくり返しているうちに、「どうせ朝まで飲んでいたんですよ」という噂が流れるようになっていきました。その雰囲気はSくん自身がいちばん感じています。まわりから信用を失った彼は、職員たちに心を閉ざしていきました。服装の乱れ、あいさつをしない、提出物等の期限も守らないなど、どんどん深みにはまっていきます。

こんなSくんのストーリーテリングは、どのようなものになるのでしょうか。

生活歴や家族構成などを聞くことができればよいですが、心を閉ざした彼がそのようなことをリーダーに話すとは思えません。そこで「入職時」からストーリーを描いてみます。

❶平穏な状態は、入職時。Sくんも最初から遅刻や欠勤をしていたわけではありません。入職時は真面目に勤務していたし、若い彼はご利用者からも愛されていました。

職員たちにもかわいがられ、彼自身もとても楽しく働いていました。
❷事件発生。彼が遅刻、欠勤をくり返すようになったのは、何か特別なことがあったわけではなく、単なる気のゆるみでした。ある日、友だちと遅くまで飲んでいて、目覚ましをかけずに寝てしまい、気づいたらすでに出勤しなければいけない時間を大幅に過ぎていました。きっかけはささいなことの場合が多いのです。しかし、一度の寝坊をきっかけに、まわりからの信頼を失い、職場に行きにくくなり、自分自身も投げやりになっていきました。その結果、遅刻、欠勤をくり返すようになり、まわりから「問題あり」とレッテルを貼られてしまったのだとしたら、これは十分な事件です。
❸事件解決のための努力。Sくんの場合、努力というより葛藤です。まわりから信頼されない環境のなかで、彼はだれにも心を開きません。徐々に服装は乱れ、あいさつもしなくなり、提出物等の期限も守らなくなりました。彼は退職を考えているように見えます。

リーダーとして、あなたはSくんにどのような「❹真実の発見」をもたらす脚本を書くでしょうか。

参考にしてほしくはありませんが、実際には、私はSくんが遅刻する度に、怒鳴りつけました。それは、遅刻をしても、欠勤をしても、だれも厳しく言うわけでもなく、むしろまわりは「かかわりたくない」と思っているのが見てとれたからです。「無関心」なのです。コミュニケーションのなかで、いちばん残酷なのは「無視」です。表情のなかでいちばん怖いのは「無表情」です。「無」はいちばんいけません。だから私はSくんに、全力でかかわることにしました。正当な理由のない遅刻なんてダメに決まっています。毎回、こりずに怒りました。服装の乱れも毎回、こりずに注意し、Sくんがあいさつをするまであいさつをし続け、提出期限の日に提出していないものは一緒に残って出させました。

ある日、Sくんは私に「どうしておれにそこまでするんだよ」と言ってきました。

私は、「私の部下だからだよ。私のモットーは、自分の部下には外で恥をかかせない。Sくんがここを辞めたいというなら、それでもいい。ただ、一度でも私と一緒に働いた仲間には、外で恥をかかせたり、いやな思いをさせたくないからな。部下はある意味、子どものようなものだ。自分のかわいい子どもに恥をかかせたい親がいるわけないだろ」と答えました。

私は、このとき意図したことが三つあります。

①まわりにひとりも自分の味方がいないのは辛い。とことんSくんの味方であること。
②真剣に向き合うこと。まわりが「無」になっていたことでSくんは心を閉ざしてしまいました。彼に心を開いてほしかったから、私は自分から心を開きました。

③親の気もち。最後にあえて親子にたとえたのは、Sくんに自分の親の気もちを考えてほしかったからです。世界中が敵に見えても、親だけは子どもの味方でいることを思い出してほしかったからです。親に心配をかけることは、彼の本意ではないはずです。

Sくんはその後、態度を改めました。遅刻、欠勤はなくなり（私から朝早くに電話をしたこともありましたが…）、職員たちとも以前のように、明るく、仲よくするようになりました。「❹真実の発見」に至ったようです。

人材育成の結果、職員が成長していちばん嬉しいのは、組織でもなく、リーダーでもなく、職員本人です。人は成長することによって、出会いや発見があります。人生が変わるのです。その手伝いができるのがリーダーですから、「愛」をもって、みんなの成長を願ってください。その気もちは、いつか職員に伝わります。

第3章

人の育成の前に自分を育成する

あなたは「ほめられてうれしいリーダー」か

私が社会に出た（就職した）のは30年以上前のことです。いわゆるバブル景気の時代でした。私は、民間企業のサラリーマンだったということもあるでしょうが、当時は今ほど優しい社会ではなかった気がします。上司と部下というのは、絶対的な関係でした。「上司に嫌われたら最後…」、そんな気もちで働いている人がほとんどだったのではないかと思います。上司からの飲みに行く誘いは断れませんでしたし、たとえ彼女とデートの約束があっても、彼女にお詫びの電話を入れて、上司と飲みに行かざるを得ないような時代でした。そのくらい、上司というのは絶対だったのです。

現代社会は、大きく変わりました。部下に厳しくあたれば、すぐに「ハラスメント」という言葉がついてきます。社員の素行が悪くて注意しても、社員の成績が悪くて注意しても、言い方、伝え方一つで揚げ足をとられるように、「ハラスメント」といわれてしまいます。「部下に嫌われたら最後…」。今はそんな気もちで働いている上司のほうが多いかもしれませんね。

はたして、これで組織はうまくいくのでしょうか。上司が部下の顔色をうかがって、ご機嫌をとって、それで組織としての指示系統は機能するのでしょうか。

するはずがありません。

こんな組織でよい仕事ができるわけがありませんし、業績が上がるわけがありません。大なり小なり、組織のリーダーに任命された者は、権限を得ると同時に、「責任」を背負うのです。そうでない者は、権限を与えられていない代わりに、個人の範囲での責任しか伴いません。この差がありながら、部下が「上司やリーダーの言うことなど聞かなくてもいいんだ」などと主張していたら、組織は崩壊してしまいます。

本当は、リーダーの大変さに共感し、一般の職員を正すようなことを書きたいけれど、今回はリーダー向けの「人材育成」の本なので、それはまた別の機会にしましょう（笑）。

今回は、こんなにむずかしくなった社会、時代のなかで、現代版リーダーシップとは、どうあるべきなのかを一緒に考えていきます。ステージ①からステージ④まであります。ロールプレイングゲームをするつもりで、自分のレベルアップのために、各ステージをクリアしていきましょう。

ステージ1
ほめ上手になろう

いわゆるスポーツ根性、ど根性で育ってきた私たち世代は、学校でも会社でも、先輩や上司から厳しく育てられてきました。人前で泣くことなど許されず、トイレやロッカーで隠れて涙を流したものです。現代社会だったら、一発で「パワハラ」になるようなことがたくさんありました。おかげさまで根性がついた気もしますが、現代社会のリーダーは、この手法はNGでしょう。

人は、ほめたほうが早く成長します。承認欲求の強い人が多くなった現代社会においては、ほめることでモチベーションを上げたり、維持したりする人のほうが圧倒的に多いです。ということは、ほめ方を覚えることと、ほめる習慣をつけることが大事になりますね。大きなことを実現させたときには、ほめるのは当たり前です。リーダーは、細かいことを見つけてほめるようにしましょう。みんな大人ですから、ふつうのよいこと、悪いことの分別はつきます。したがって、評価するにも指導するにも、細かいところが大事になるのです。なぜかというと、リーダーが細かいところをほめると「細かいところまで見てくれている」と受け止め、細かいところを指導すると「細かいところばかり見ているいやな上司」となるからです。細かいところへのほめ上手になるトレーニングをしてみましょう。

図3-1をご覧ください。女性のご利用者Nさんと、職員Kさんのやりとりをあなたはた

図3-1 どこをほめる？

Nさん 「私、ここのところ毎日リハビリを頑張ってるのよ」
職員K 「すごい！ どうしてそんなに頑張ってるんですか？」
Nさん 「だれにも言ってないんだけどね。私、20歩くらいでいいから、杖で歩けるようになりたいの」
職員K 「えー！ すごい！ 歩けるようになったら、したいことがあるんですか？」
Nさん 「そうなの！ 私、バスに乗ってみたいの。車いすじゃなくて、歩いて」
職員K 「すごい！ すごい！ 私も一緒に乗りたい！」
Nさん 「ほんとに！？ Kちゃんも一緒に乗ってくれる？」
職員K 「もちろん！ 一緒に行きましょうね！」

またま見かけました。二人の様子を見て、聞いていて、あなたは職員のKさんについて、どこをほめてあげますか？　考えてみましょう。

私だったら、後で次のようなことをほめると思います。

①Kさんは、Nさんの目線の高さに合わせてお話をしていたね
②Nさんがあんなにうれしそうな笑顔で話しているから、聞き入っちゃった
③Nさんがだれにも言わないことを話すなんて、信頼関係ができているからだよ
④すべてオープンクエスチョンで聞いていたね。すごいよ
⑤NさんはKさんが一緒にバスに乗ってくれると聞いて、本当にうれしそうだったね

これは、職員のモチベーションを上げたり、ほめて職員の力を伸ばしたりするための方法ではありますが、背景には、私が職員のKさんを次のように成長させたいという意識があると思います。

①ご利用者と話すときは、目線の高さを合わせてほしい
②ご利用者の笑顔を引き出すようなかかわりをしてほしい
③ご利用者とは内緒話ができるくらいの信頼関係を築いてほしい

④「はい」「いいえ」で答えられるような接し方ではなく、オープンクエスチョンを用いてきちんとコミュニケーションを図ってほしい
⑤ご利用者の夢や目標を一緒に叶えるような職員になってほしい

このように、ほめるというのはただよいと思ったことを思いつくままにほめるよりも、部下をリーダー自身が求める姿に導くという視点が大事です。部下にとっても、リーダーが求めていること（言い方を変えれば評価する点）がわかるわけです。

どうしても、面と向かってほめるのが苦手な人は、手紙でもOKです。話して伝えることが苦手な人は、もしかしたらこのほうが真意が伝わるかもしれません。

ステージ2 「おはよう」の後にひとこと加えよう

毎日、笑顔であいさつをすることについては第1章でふれましたが、あいさつは「おはよう」で終わるのではなく、その後にひとことつけ加えることが大事です。つけ加えるひとことは、労いの言葉やほめ言葉、その人の変化に気づいた言葉がよいでしょう。

「おはようございます。いつもありがとう」

「おはようございます。この前の企画、すごくよかったですね」

「おはようございます。○○さんと一緒のときは○○さん（ご利用者）がいつもよいお顔をされてますね」

「おはようございます。髪切ったんだね。すごく似合ってるよ」

「おはようございます。○○さんが夜勤の後は、いつもお部屋がきれいだね」


という感じで、ひとことつけ加えるだけで、あいさつがルーティンではなく、心のこもったものになるのです。この労いや気づきが、職員のなかに蓄積されていきます。「ふだんから私たちを気にかけてくれているリーダー」という貯金がたまっていくのです。あなたが、職員に何かを依頼したり、チームの舵をとらなくてはならなくなったとき、「リーダーが言うんだから、やりますか！」とたまった貯金がものをいいます。

ステージ3 身だしなみが大事

あなたは、自分の家族や友だちに上司を紹介したいですか？　どんな上司なら紹介したいと思いますか？

人によって条件は多少、異なるかもしれませんが、共通しているのは「恥ずかしい上司は

表3-1 身だしなみチェックリスト：男性編

No.	男性編	○	×
1	髪はきれいに整えていますか？（派手なカラー・脱色は不可）		
2	髭の剃り残し、鼻毛は出ていないですか？		
3	食後は歯を磨き、口臭対策をしていますか？		
4	フケは出ていませんか？		
5	制服はシワシワになっていませんか？		
6	入浴介助の際のＴシャツなども派手な柄は避けていますか？		
7	靴下や靴に穴などが開いていませんか？		
8	汗の跡が見えたり、汗の臭いがしたりしませんか？		
9	立ち姿も大事です。片足に体重をかけて立っていませんか？		
10	私服も清潔感のあるものを着ていますか？　人は見ています。		
	合計		

表3-2 身だしなみチェックリスト：女性編

No.	女性編	○	×
1	仕事に合った髪型に整えていますか？（年中髪をかき上げなくてよいように）		
2	髪はきれいに整えていますか？（派手なカラー・脱色は不可）		
3	化粧は清潔で健康的に見えるよう心がけていますか？		
4	香水などはつけすぎていませんか？		
5	爪はきれいにしていますか？　ネイルなどは節度ある程度にしていますか？		
6	アクセサリーは仕事の邪魔になりませんか？（派手なものは不可）		
7	入浴介助の際のＴシャツなども派手な柄は避けていますか？		
8	汗の跡が見えたり、汗の臭いがしたりしませんか？		
9	立ち姿も大事です。片足に体重をかけて立っていませんか？		
10	私服も清潔感のあるものを着ていますか？　人は見ています。		
	合計		

紹介したくない」ということだと思います。性格や言葉づかいなどは次のステージとして、まずは身だしなみですね。これは心がけ次第でだれでもできることなので、早速、取り組んでみましょう。チェックシート（表3-1、表3-2参照）にチャレンジしてみてください。

ステージ4 「360度評価」をしてみよう

このチャプターの目的でもある「ほめられてうれしいリーダー」になるためのチャレンジの極めつけが、360度評価です。

まずは、「リーダースキル360度評価シート」をご覧ください（表3-3参照）。

これは私なりに20年の経験から、現場の職員がリーダーに求めるスキルをまとめたもので、このシートを職員に記入してもらいます。実際に私も評価してもらっています。私は現在、特養を含めた7事業の管理をしていますが、やはりかかわりが薄くなりがちな事業所の評価は厳しい結果となります。半分、冗談のつもりで設定した0点（全然ダメ）なんて、本当につけられてしまうと、やはり凹みます（笑）。だからこそ、チャレンジする価値があるのです。

これをはじめて提案したとき、職員たちからのリアクションは「施設長、メンタル半端ない！」といった感じでした。そうです。これは全職員に、つまり360度からリーダーであ

表3-3 リーダースキル360度評価シート

令和2年度

	リーダーの氏名	5点＝いつもできている 4点＝いつもではないが、できている 3点＝頑張っているのはわかる	2点＝ほとんどできていない 1点＝できていない 0点＝全然ダメ
No.	項目	評価点	項目ごとの評価コメント
1	いつも笑顔で感じのよいあいさつをしている		
2	みんなの手本になるような接遇（介護）をしている		
3	感情の起伏なくいつも穏やかである		
4	人に対してわけ隔てなく優しい		
5	よくコミュニケーションをとっている よくみんなの意見を聴いている		
6	自分の考え、意見をみんなに伝えている		
7	必要な情報を発信している		
8	よきムードメーカーであり、居ると安心感がある		
9	必要なときに指導や指摘をしている		
10	課題に対して率先垂範する行動力がある（すぐにやってくれる）		
	合計		

	第１四半期（４月～６月）	第２四半期（７月～９月）	第３四半期（10月～12月）	第４四半期（１月～３月）	合計
総合点					

る自分を評価してもらうわけですから、とても勇気がいることです。この勇気を示すことがまず大事です。結果が厳しいものであれ、「私はみなさんからの評価を真摯に受け止めます」と宣言しているのと同じことだからです。

1か月に1回でも、3か月（四半期）に1回でも、6か月（半期）に1回でも、頻度はどれぐらいでも構いません。私は今、四半期に1回実施しています。このシートをパソコンのみんなが見ることができて、入力することができるフォルダに入れ、入力した個人が特定できないようにしています。印刷して手書きでチェックしたものを回収箱に投函してもらう方法でもよいでしょう。大事なのは、評価した人がだれだかわからないようにすることです。

ほめられたほうが人は成長するといっても、「ほめられてうれしいリーダー」からほめられなければ、その意味を成しません。人は尊敬する人にほめられることがいちばんうれしいものです。人から尊敬されるというのは簡単なことではありませんが、ステージ①からステージ④まで勇気をもってチャレンジすれば、きっとあなたはみんなからの信頼を得て、尊敬されるリーダーになれるはずです。大事なのは、一歩ふみ出す勇気です。

リーダーは介護・福祉を語れるか

スティーブ・ジョブズも、ビル・ゲイツも、マーク・ザッカーバーグも、みんな自社の商品やサービスをこよなく愛し、語ることができます。だからこそ、彼らは優秀な人材を集め、けん引することができたのです。トップリーダーは、「自社の商品やサービスを語ることができる」ということが、一つの条件かもしれません。

私たちの仕事、つまり商品やサービスとは、「介護」「福祉」です。その事業のリーダーである私たちは、介護・福祉を語れるでしょうか。優秀な人材を集め、けん引していくためには、それも一つの大切なスキルとなります。

あなたは、まったく未経験の職員が入職してきた際、「介護って何ですか？」と聞かれたら、何と答えますか？　もしくは職員から、あなたの介護観を問われたとき、何と答えますか？

介護の職業に限らず、社員が会社を退職する理由として多いのが、「リーダーにビジョンがない」というものです。ビジョンがないリーダー。つまり、「めざすものを明確にできないリーダー」が退職の理由であるなら、めざすものが明確なリーダーがいれば退職しない、仕事を続けていける、リーダーについていけるということではないでしょうか。

リーダーにまでなった人なら、自分の介護観はもっていると思います。ただ、自分の介護観というものを改まって明文化したり、語ったりしたことのない人がほとんどだとも思うのです。そこで、今回はあなたの介護観をぜひ言葉にしてみてください。書いてみてもよいですし、語っている自分を録画してみるのもよいです。書いたり、語ったりしたものを見て、自分の介護観を客観視してみましょう。自分の介護観に、職員はついて来てくれそうですか？

私の介護観は次のとおりです。

介護とは、**介**入して**護**ることです。高齢になると、歩けなくなる、食べられなくなる、認知症になる人が多い。しかし、多くの人が、歩きたい、食べたい、認知症になりたくない、と思っています。その気もちが「尊厳」です。介護とは、生活に介入して尊厳を護ることをいいます。介護職は「生活支援のプロフェッショナル」です。生活とは、「生命」の生きると「活力」の活きるを足した言葉です。私たち介護職は、生活という言葉を「活き活きと生きる」と定義し、それを支援することが、介護職の専門性だと思っています。排泄介助、食事介助といった生命維持だけではないのです。

介護とは、ローマ字で表記すると「KAIGO」となります。真ん中には「I《アイ》」があります。真ん中にあるということは、それが最も大事なことであると思います。Iとは「私（本人）」「愛」であり、本人不在や愛のない介護は介護ではありません。このIをとると「KAGO」になります。I（本人・愛）のない介護は、まさに施設という「カゴ」に閉じ込めたものになってしまうのです。私は、本人を中心に据え、愛をもって向き合う介護こそ、あるべき姿だと思っています。

福祉に関しては、次のような価値観をもっています。

福祉とは、幸せという意味です。「福」も「祉」もそれぞれが「幸せ」という意味をもっています。英語では「Welfare」これは「Well（よく）」と「fare（生きる）」を足した造語です。つまり、福祉を職業とする私たちの役割は、人を幸せにすることだといえます。また、福祉という言葉の定義として、『しあわせ』や『ゆたかさ』を意味する言葉であり、すべての市民に最低限の幸福と社会的援助を提供するという理念をさす」というものがあります。

私は、この「最低限の幸福」というところが好みではありません。少なくとも今の時代の高齢者は、戦争や戦後の苦しみを乗り越え、高度経済成長の時代にふり落とされないようにしがみつき、震災なども経験しました。苦労はいやというほどしてきました。その人たちが「最低限の幸福」では、気の毒過ぎます。福祉を職業とする私たちは、この人たちに「最高の幸福」を提供したいと思っています。

いかがでしょうか。
すべてを知識や経験から生み出すわけではなく、既成の考え方に、自分なりの解釈を加えるだけでもよいと思います。大事なのは、自分の考え方を明確にすることであり、それをめざすこととして、しっかりと語れることです。
当施設の職員は、自分の体験から、こんな介護観を語ってくれました。

夜勤が終わろうとしている朝、ご利用者を起こしに行ったら、「今は朝？」と聞かれたんです。「そうですよ」と答えると、「そう…。また朝が来たのね。あなたたち若い人は忙しくやることがあるからいいけど、私たち年寄りは、また何もすることのない1日が始まるのよ」と言われました。僕はそれを聞いたとき、ご利用者からのSOSだと思いました。昨日が今日でも、今日が明日でも変わらない毎日。これで幸せだなんて思うはずがない。「楽しかったあ」と思って眠ってほしい。明日が楽しみで眠れない日があってもいい。そんな生活を支援したい。そう思いました。

これもすばらしい介護観ですよね。エピソードは人の記憶に残りやすいので、体験をもとに介護観を整理するのもよいと思います。自分なりのブレない介護観、福祉観を明確にしてみましょう。

リーダーが身につけるべきプレゼンテーション力

上手に話す人を見て、うらやましいと思った経験は、ほとんどの人にあるのではないかと思います。多くの人がそれを「生まれもった才能」と思うことで整理し、自分には備わらないものとあきらめてしまいますが、それは誤解です。たとえば、「神のプレゼン」とまでいわれたスティーブ・ジョブズは、本番の前に何十時間もかけて間の取り方などを練習していたといわれています。

ビジネススクールに通えば、プレゼンテーションの方法は必ず学びますし、書店に行けばプレゼンテーションの本が数多く並んでいます。それは、プレゼンテーションには技術が存在するからです。プレゼンテーションとは、何も大きな会場で商品の説明をすることだけではありません。部下との面談一つ、朝礼でのコメント一つとっても、立派なプレゼンテーションです。プレゼンテーション力とは、「人に伝える力」のことであり、上手に話すことではないのです。そういえば、リーダーに必要なスキルだということがわかってもらえると思います。

ここでは、人に伝えるためのコツや練習方法などをステージ①からステージ⑤まで、一緒に学んでいきましょう。

ステージ❶
話す速度

一般的に聞きやすいとされるNHKのアナウンスの速度は、1分間に300文字を読むスピードといわれています。もちろん、これを厳密に行う必要はありません。あくまでも目安です。400文字の原稿用紙を1枚読むときに、1分強かけて読むイメージで練習をするくらいがよいと思います。これを基本的な速度として話し、その後は、強弱が大事になります。あまり単調になると、聞いているほうは退屈になり、集中力がなくなります。基本的な速度に慣れたら、強調したいところは大きな声でゆっくり話したり、逆に加速させて迫力をつけたりと、うまく強弱をつけましょう。

ステージ❷
自慢話、知識のお披露目は、絶対NG

人の自慢話ほど、聞いていて退屈な話はありませんよね。聞いている側は絶対にいやです。自分の実績、過去の栄光などを話したい気もちはわからなくはないですが、本当に伝えたいことが他にあるなら、やめておきましょう。

また、必要以上の知識のお披露目もダメです。これも聞く側にとっては苦痛以外の何ものでもないですし、プレゼンテーションの基本は、「伝えたいことを絞る」ことです。あれもこれも話したいと思うと、聞く側にとっては「いったい何を伝えたかったの？」と要点がわからなくなってしまいます。欲張らずに伝えたいことを一つから三つくらいに絞ることが、プレゼンテーションのコツです。

ステージ③
「私は学びたいとは思っているが、教わりたくはない」

これはある小説家の言葉です。「いやな感じ…」と思いますが、こんなふうに思っている人は少なくないかもしれません。特に、あなたがもしまだ若く、年上の部下がいるとしたら、このような考えの人がいるということを理解しておいたほうがよいでしょう。自分より若い人、自分より経験の浅い人から指導されるというのは、あまり気分のよいものではないことも、理解しておかなければいけません。これはつまり、プレゼンテーションというのは、聞くか聞かないかを選ぶ権利は相手側にあるということです。

10人の前でプレゼンテーションをしたとします。よくうなずきながら聞いてくれる人がいる一方で、居眠りをしている人もいる。これはなぜでしょう。それは居眠りしている人にとって、興味のない話だったからです。伝えたいことが一つだったとしても、それを全員に理解して納得してもらうには、工夫が必要なのです。「人を見て法を説く」という言葉がありますが、伝えたいことが一つだからといって、通り一遍の説明の仕方をしていたのでは、みんなが理解して、納得してくれるはずがありません。その人の個性や好きなものに合わせてたとえ話を変えるなど、聞く側に合わせるのです。サッカーの好きな人には、サッカーのたとえ話をするように。

また、年上の部下に話すなら低姿勢で、「教える」のではなく「気づいてもらう」という意識が重要です。要は伝わればよいのです。理解して、納得してくれればよいのです。そのための工夫を惜しむようでは、リーダーは務まりません。

ステージ④ マジック・トライアド

「今から私は三つのことを説明します」などというプレゼンテーションを聞いたことがありませんか？　これは「マジック・トライアド」「マジカルナンバー3」などといって、プレゼンテーションの基本的な技術です。最初に「三つ」と宣言することで、期待感をあおります。また、集中力を切らさないなどの効果もありますし、ちょっと頭がよさそうに見えますよね。

ビジョンや目標なども三つ以内にまとめるとわかりやすいですし、「3」というのはビジネスシーンにおいてマジカルな数字といわれています。しかし、これも相手を見て使いましょう。最近ではせっかちな人が多く、「三つ」と聞いて、そこで集中力が切れてしまう人もいるようです。そういうときは、結果（伝えたいこと）から話しましょう。起承転結を逆から解説する技術も身につけておいて損はありません。これも一つの「人を見て法を説く」です。

ステージ5 パッション（情熱なくして実現した偉業なし）

職員は他の職員の悪口ばかり言い、会社や上司の不平不満ばかり言っている…。介護職の本分は介護なのに、ご利用者のことを話題にすることはほとんどない…。次から次へと私のところに訪れ、不平不満を言う職員に私は、「だから何だよ?」と聞きました。「みんな他の職員の悪口ばかり言っているんです」と主張する職員に、「君もだろう。君も悪口を言っている職員の悪口を言っているだけだよ」と一蹴しました。私が聞きたいのは「だからそれでどうするのか?」ということです。その職員の言っていること、主張していることはおそらく正しいのでしょう。でも私は、「嘆いているだけでは何も変わらない。不平不満ばかり言っているのは、その状況を変えられないことを人のせいにしているだけだよ。不満があるなら、自分で変えてみろ。自分にできないことを人のせいにするな。言うならやれ、やらないなら言うな」と一喝しました。

このエピソードでは、これまで解説してきたプレゼンテーションの技術は一切意識していません。それでもこのエピソードの後、職員の心は動き、行動を起こしてくれました。

何が言いたいのかというと、いちばん大事なのは、「情熱＝パッション」だということです。この世の中に、情熱なくして実現した偉業はありません。プレゼンテーションは、相手の心をつかむこと、動かすことが目的ですが、どんなにすばらしいプレゼンテーションも、情熱なしには伝わらないのです。そのことをまずは念頭に置いてください。

先のエピソードに、一つだけ技術が含まれているとしたら、それは「メラビアンの法則」です。コミュニケーション技術として学んだ人も多いかもしれませんが、人が相手に与える印象を、①視覚的要素、②聴覚的要素、③話の内容、に分類し、分析したものです。

①視覚的要素（見た目、ジェスチャーなど） 55%
②聴覚的要素（声の大きさ、声のトーンなど） 38%
③話の内容 7%

この法則では、話の内容自体は大した意味をもたず、実はそれ以外の見た目や声などが相手の印象を決めているとしています。プレゼンテーションの場合は、話の内容が7%というわけにはいきませんが、この法則も覚えておく必要があります。

先のエピソードは、この法則が見事に当てはまったのではないかと思います。

見た目というのは、真剣な表情や相手の目を見ることや、身ぶり手ぶりを使った迫力だったのではないでしょうか。ボディランゲージは、日本人は苦手とされていますが、みんなが苦手でやらないからこそ、効果が絶大だといえるのです。声のトーンや大きさなども、きっと迫力があったのだと思います。このときは「アナウンスの速度」を意識していませんでした。もしかしたら、1分間に800文字くらい話していたかもしれませんね。それでも、職員に想いを伝えることができました。つまり、本気で伝えたいときは、技術を超越した情熱(パッション)が必要ということです。

プレゼンテーションの極意は、情熱、夢、想い、願い、といった無形のものをいかにも ち、伝えたいと心から思うか、だと思います。

第4章

組織は常に「問題」だらけである

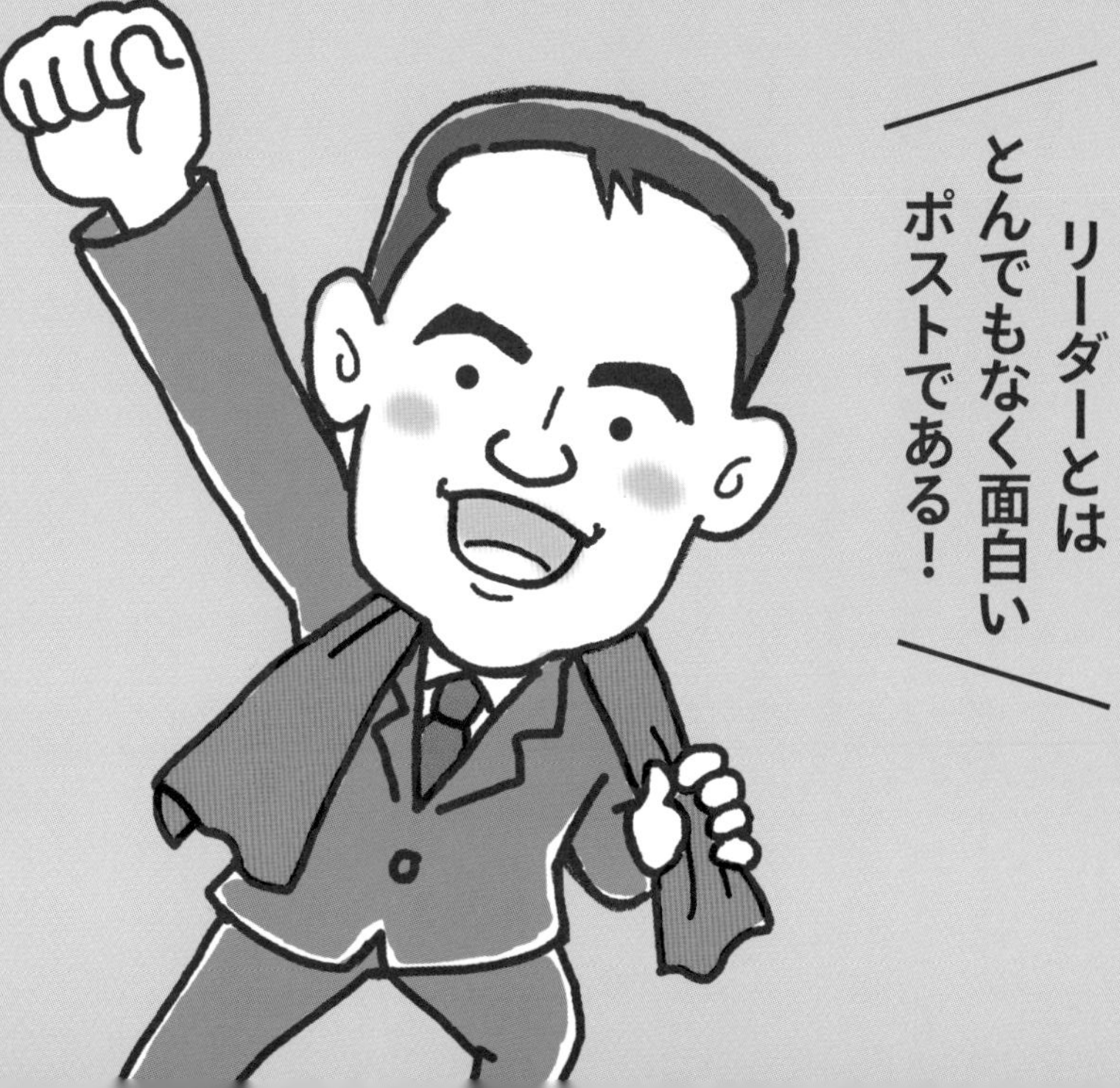
リーダーとは
とんでもなく面白い
ポストである!

問題解決力をきたえる

組織は問題の集合体です。人が集まれば、それぞれの生活習慣、思考、人生、価値観は違い、必ず意見の食い違いが起こります。まずは、これを当たり前だと思うことにしましょう。「なんで毎日、こんなに問題ばかり起こるの？」と悩むことは意味がありません。悩むなら起きた問題について悩むことです。問題が起こることは当たり前ですから、問題が起こることを悩んだり、考えたりすることが時間のむだなのです。これは第一の思考前提です。

次に、介護の職場（組織）は問題が起こりやすいことを認識しましょう。たとえば医療と比べてみます。医療と介護は「医療・介護分野で…」などと、あわせて語られることが多いですが、起こる問題の質がまったく違います。人間関係や出世レースはどこの職場でもあるものとして、仕事（本業）そのものでこんなにもめたり、意見が食い違うのは、介護が圧倒的に多いです。たとえば、医療は「治療」という明確な目的があり、それが医師や看護師の価値観に左右されることはほとんどありません。それに対して、介護は「生活」というあまりにも広義なものを支援する役目があります。つまり、人（ご利用者）の生活習慣、思考、人生、価値観などによって、問題の正解が変わってきます。したがって、だれ（職員）の言っていることが正しいのか？ という議論になってしまうのです。これを第二の思考前提としておきましょう。

この二つの思考前提を念頭に置いていれば、問題が起こる度に動揺したり、イライラすることもありません。この思考前提がないから、問題が起こる度に現場は大騒ぎになってしまうのです。職員が「大変です！」と来たときは、「はい。どうしました？」と笑顔で迎えるくらいの心構えをいつもしておくことです。この姿勢がいつか、「あの人は動揺しない。ブレない」という職員の評価につながります。

組織は問題の集合体であり、常に問題が起こるもの、ということであれば、リーダーに求められるスキルははっきりします。それは「問題解決能力」です。

「それがあれば苦労しないよ…」と思う人は、問題解決能力が生まれもったものと誤解しているのかもしれません。問題解決能力はきたえることができます。いや、問題解決能力の高いリーダーは、みんな自分をきたえてきたのです。

問題解決能力のきたえ方について、一緒に学んでいきましょう。

ステージ1 問題解決のプロセス

①問題を正確に認識する

まずは、問題を正確に認識するために、情報収集をします。いちばんいけないのは、「問題が起こるとすぐに反応してしまうこと」です。第一報は、報告者の私感が大きく加わっています。第一報を受けたときは、とりあえず（何か問題があったのだな）くらいの感覚で受け止めましょう。

大事なのは、そこからの情報収集です。まずは当事者から話を聞きますが、そのときに「事実確認をさせてください」と最初に伝えることが重要です。これは、だれかの一方的な情報に流されている、もしくはあなたを疑っているのではなく、事実を知りたいと伝える意味があり、もしも、その情報が後で偏ったものだったとわかったときに自分を守ることにもつながります。当事者からのヒアリングが終わったら、その後に関係している人にヒアリングをします。このときも、自分の意見などは加えず、聞くことに徹しましょう。人は流されやすいものです。あなたの意見に流されてしまうと、正確な情報ではなくなってしまうことがあるのです。

②問題を分析する

問題には、三つの型があります。問題が次のうち、どれに当てはまるかを分析します。

①発生型

これは問題の原因が比較的はっきりしているものです。人員が少ない、業務過多、関係性の悪い職員をずっと一緒に働かせていたなど、起こるべくして起こった問題が発生型です。

②設定型

目標の設定に無理があったり、間違っていたことによって起こる問題です。理想と現実とのギャップから生じるのが設定型です。

③潜在型

今は表面化していなくても、いずれ起こるであろう問題が潜在型です。「こんな無茶なやり方をしていたら、いつか職員が倒れたり、辞めてしまう」。そんなことを危惧しながら手を打たないでいる問題。それが潜在型です。

③問題解決の立案と実施

情報収集し、その情報を分析したら、次は問題解決のための立案をします。立案のポイントは三つです。①だれが、②どのように、③いつまでに、を明確にすることが重要になります。この三つを明確にしないまま「みんな仲よくしよう」「これからは十分気をつけていこう」などと抽象的な解決の仕方をすると、結局、問題の本質がどこにあったのかわからず、臭いものに蓋をしただけという状況で、また蓋を開けて同じような問題が起こることは必至です。

「①だれが」については、リーダーが受けもつことが妥当ではありますが、ここに他の職員を巻き込むことができれば、チーム全体の意識が強くなります。「②どのように」も、できるだけ自分以外の職員と話し合って決めることがよいでしょう。「①だれが」と「③いつまでに」は、リーダー以外の人にはなかなか決めにくいのですが、「②どのように」だけは他の職員も意見を出しやすいものです。②だけでも巻き込めれば大成功です。「③いつまでに」は、明確に定めないと、いつの間にか風化してしまいます。この決めた期間を過ぎたら、必ずみんなでその結果について話し合うことを約束しておきましょう。

ステージ2 問題解決能力をきたえる

① 名探偵になる（原因を考えることを習慣にする）

自分が直接、関係していない部署のことやドラマ、映画、ドキュメンタリー番組、ニュースなどを見ながら、起きている問題に対して「自分だったらどうするかな？」と考える習慣をつけます。もっといえば、自分のお気に入りのお店に行ったとき、「どうして自分はこの店によく来るのだろう？」と考えます。自分の好きな人に「どうして自分はこの人が好きなのだろう？」、嫌いな人には「どうして自分はこの人が嫌いなのだろう？」と考えます。このように、どうして？　どうして？　なぜ？　なぜ？　と考えることをくせにすると、考える力が高まります。

②問題には多面性があることを理解する

問題というのは、一方向からしか見えなかったら負けです。問題というのは立体的で、常に多面性があることを理解しましょう。先輩や上司に意見を聞くことも大事です。自分より長く生きている人、自分より多くの経験をしている人の意見を聞くことはとても大事ですし、時には自分より若く経験の浅い人がどう思うかも聞くことで、新しい発見があるかもしれません。

③観察力をつける

問題は突発的に起きているようで、実はそれまでに伏線があるものがほとんどです。介護職がリスクマネジメントで学ぶヒヤリハットやハインリッヒの法則などと同じですね。

たとえば、退職を考えている職員は、退職願を提出する前に、表情、態度、勤怠など、何かしらのサインを発している人がほとんどです。早く気づいていれば…、早く声をかけていれば…、そんな後悔をしたことはありませんか。職員の細かな変化、サインを見逃さない目を養うことも、問題解決能力の一つです。

④ピンチをチャンスにする

問題解決能力は、魔法のように身につくものではありません。この本を読んでくれた人も、チャレンジをしていくことで身につく能力です。それまでには、当然、失敗もあります。問題解決能力に必要なベースとして、失敗してもくよくよしない前向きな姿勢というのもあります。できる人は、失敗をデータにするのです。だから同じミスをくり返しません。

優秀なリーダーは、物事の考え方がシンプルです。人員が足りないなら、人員を増やせばよい、それがダメなら少ない人員でできるように業務を見直せばよいなどと考え、叶わないものにはいつまでもしがみつきません。それは時間のロスだからです。悩むだけの時間、嘆くだけの時間は何も生み出さないことを知っているのです。

⑤自分の意見を論理的に説明する

自分の意見を論理的に説明することができない人は、問題を人のせいにしたり、感情的になったりする人が多いです。リーダーは、物事を論理的に説明できるようになりたいものです。論理的な話し方も訓練次第でできるようになります。訓練方法として、①結論から話す、②結論に至った理由を三つ以内にまとめる、③つなげる（だれも傷つけない）、④1分前後で話し終える、の四つを意識して話すようにしてみましょう。

たとえば表4−1をご覧ください。

表4-1　論理的な説明

①今回、議論していたご利用者Tさんの食事形態についてですが、結論からお伝えしますと、常食のまま継続となります。

②結論に至った理由については、三つあります。

一つは、介護と看護とで見解が違ったこと。これは先日会議を行いましたが、平行線でしたので、結論には至りませんでした。

二つ目は、先日の歯科衛生士による頸部聴診において嚥下状態は現時点では常食で問題ないと診断されたことです。

三つ目は、ご家族が、安全よりも本人の意向を重視してほしいという意向だったことです。

③とはいえ、ご家族は誤嚥したことにより本人がどれほど苦しい思いをするか見たことがないし、死に至ることもあることを理解はできていません。ここは看護師が懸念するところです。

ドクターからインフォームド・コンセントをしていただいたうえで、看護師には、ご本人、ご家族の気もちにしっかり寄り添っていただきたいと思います。

①と②については、ビジネススクールなどで学ぶ論理的な話し方ですが、③については、私が経験上、介護現場に必要だと思うスキルです。ご利用者の介護、対応等で意見が割れるのは、それぞれご利用者のことを想ってのことです。この場合、ご利用者にとって何が最善なのかを話し合って決めるのですが、選ばれなかった意見も間違いではないのです。したがって、意見を言った人が傷つくようなことがあってはいけません。議論した結果、だれ一人傷つけない。こんなコーディネートができるリーダーが私は好きです。

いかがですか。ここまで親身になって職員や課題と向き合い、解決していくリーダーには、もともと資質が備わっていると思っていませんでしたか。たしかに、なかにはそのような才能を生まれもった人もいるかもしれません。しかし、多くの人はあなたのように、自分で努力してリーダーシップを身につけたのです。

よく勉強し、努力し、高い能力を身につけたリーダーのことを「属人的リーダーシップ」と揶揄している人や職場は多いです。でも、そうではありません。優れたリーダーが少ないから、「属人的」という悪い言葉で片づけられてきたのです。このような能力をもったリーダーは、決して属人的なリーダーではなく、みんなが求めているリーダーなのです。

2対6対2の法則

組織論には、「2対6対2の法則」というのがあります。これは、組織で働く職員の分類のようなもので、優れたスーパープレイヤーが2割、平均的なアベレージプレイヤーが6割、力が足りないアンダープレイヤーが2割になるものだといわれています。

リーダーは、これを理解したうえで、マネジメントをしていくことが求められます。

多くのリーダーが、2割のスーパープレイヤーと働きたい、と思うことでしょう。だれだって優秀な部下をもちたいものです。しかし、そんな組織はないということです。

私は、人を「業務遂行能力」で分類するようなことは嫌いです。業務では表現できなくても、それ以外のことですばらしい個性や力をもっている人もたくさんいます。そもそも、自分の部下に「アンダー」などとレッテルを貼るようなことはするべきではないですし、部下は上司がそのように自分を見ていることを敏感に感じるものです。

先ほど、評価基準を「業務遂行能力」と書きましたが、介護現場における業務遂行能力とは、どのようなことをさすのでしょうか。おむつ交換が速いこと？　お風呂に半日で何十人

図4-1　2対6対2の法則

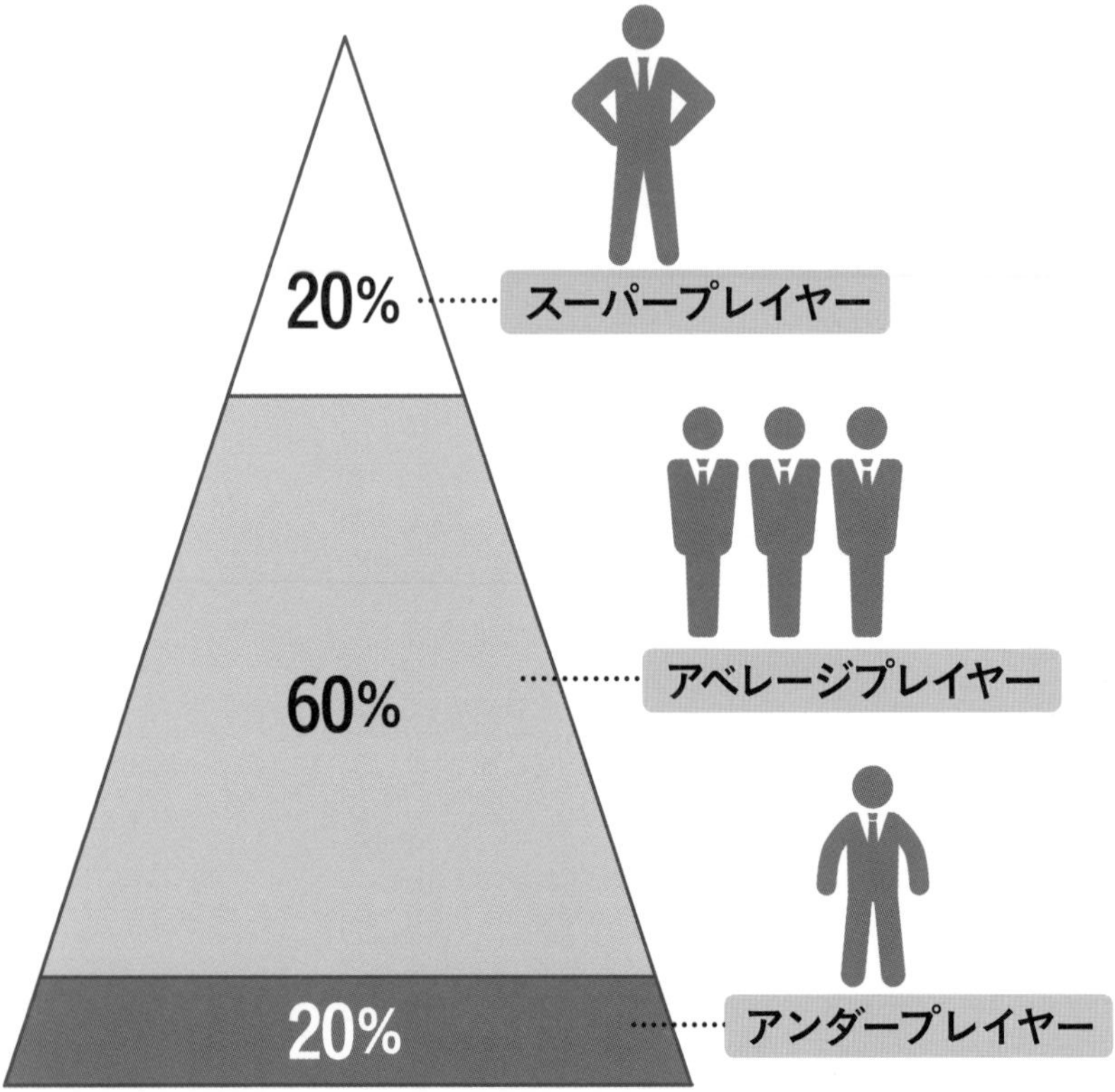

も入れられること？　これらを評価基準とするならば、最大の評価はスピードです。しかし、私たちの仕事は介護サービスです。サービス業で最も重視されるのは、顧客満足。つまり私たちが追求すべきは、利用者満足となります。そうすると、おそらくご利用者が満足するのは、親切な介護、ていねいな介護です。スピードが速くても仕事が雑では、利用者満足は得られません。このように評価基準を見直すと、スーパープレイヤーとアンダープレイヤーは逆転してしまったりするのです。ですから、何か一つの価値を評価基準として、職員を簡単に分類するようなことをしてはいけません。そのために、人事考課のような細かい評価基準があるのです。

しかし、その人事考課でも、ＡＢＣＤＥなど評価判定がされます。やはり組織は職員に優劣をつけなければならないのでしょうか。「劣」と評価された職員は、本当に力がないのでしょうか。

２対６対２の法則をうまく活用した人物がいます。マイクロソフトの創業者ビル・ゲイツです。「むずかしい仕事があるとき、私は怠け者に任せる。だって怠け者は、仕事を簡単に片づける方法を見つけ出すからね」。のちに、「ビル・ゲイツの法則」といわれた彼の手法は、アンダープレイヤーといわれる２割の者に役割を与えることでした。

ビル・ゲイツの指名した怠け者たちは、怠けるために、さまざまな工夫をし、楽な方法を見つけ出すのです。それは非常に効率的であり、時間を短縮させるものでした。

このエピソードに代表されるように、アンダープレイヤーと呼ばれる者であっても、リーダーのマネジメント次第で活躍することもできます。マネジメントの基本は、第2章で述べた「ダイバーシティ・マネジメント」なのです。

では、なぜこの章で「2対6対2の法則」を紹介したのかというと、組織の一般論であるこの法則は、評価基準によって変化するということを知ってほしかったからです。たとえば前述したように、評価基準を「スピード」とすることは、介護サービス現場において間違いなのでしょうか。最近は「スピード＝悪」のようにいわれる現場が増えてきたようですが、私にいわせればそんなことはありません。時間は無限にあるわけではありません。ていねいさだけを追求し、業務が終わらなくて、来る日も来る日も残業している介護現場など、健全とはいいがたい。やはり職業である以上、時間という概念も必要です。

もしも、このスピードスターたちが、ていねいさを兼ね備えたら…、無敵のプレイヤーが誕生します。わくわくしませんか？　これもリーダーのマネジメント次第で可能になります。実は、リーダーとはとんでもなく面白いポストなのです。そのことが章を追うごとにわかっていただけると思います。

「職員用ケアプラン」を立てる

私には今の職場に１００人ほどの部下がいます。全職員と1年に1回は面談をして、みんなの職業人生における目標を聞き、その目標を一緒に叶えていくための「職員用ケアプラン」をつくっています。これがなかなか完成しないけれど…。

私の場合は、職員一人ひとりの将来の目標を聞いてプランを立てていますが、リーダーが立てる場合は、1か月後、3か月後、半年後くらいの目標をプランにしたほうが現実的ですし、実際に成果が出やすいでしょう。あなたは、自分のフロアやユニットのみんなにどのようなプランを立てますか？　一人ひとりの課題が見えていますか？

たとえば、私がこの業界に入ってきた20年前。そのころの特養は、とにかくスピード重視で、業務が速くなることが求められていました。じゃんじゃんバリバリおむつ交換を終え、入浴介助は、半日で何人入れられるかで先輩から評価されました。あれから20年。先に述べたように、今は介護職の評価基準は変わってきました。おむつ交換は速さよりもていねいさ、入浴介助はマンツーマン。これが当たり前にできているかが評価基準です。ていねいでゆっくりと介助することが「善」。スピード重視は「悪」。こんなふうに時代とともに介護職の評価基準は変わってきたように感じます。

しかし、くり返しになりますが、どんな職業においても、時間管理（タイムマネジメント）ができずに「優秀」といえる者はいません。スピードスターたちは、時間をつくり出すことができます。もし、あなたの職場に早く業務を終わらせて、勤務終了時間までおしゃべりをしている人、タバコを吸いに行ってしまう人がいるとしたら、リーダーであるあなたのするべきことは、おしゃべりより楽しいこと、タバコより魅力的なものを与えることです。それを次の手順にしたがって、「職員用ケアプラン」にプランニングしてみましょう。

①インテーク

まずは、「インテーク」からです。スピードスターの仕事への価値観を聞き出します。彼らが大事にしている価値とは何でしょうか。私も実際にインテークしてみました。その職員からは、「いかに仕事を効率よく終えるか。むだな動きをなくすことを追求しています。たとえば二人で介助する人の部屋へ行くのに、二人で一緒に行ったりはしません。一人の職員が部屋へ行って、今部屋で何をしているかシミュレーションしながら、ちょうど来てほしいタイミングに現れるようにしています。それまでに、他の業務を終えてしまう。ほんの何十秒のことだけれど、その積み重ねが時間をつくるから」という話が聞けました。すばらしいですよね。私は絶賛しました。もしもリーダーの望むものと違う動きをする職員がいたら、否定するのではなく、その職員が大事にしている価値を知ることです。それにはとにかく聞くことが大事です。

②アセスメント

次に、「アセスメント（課題分析）」です。スピードスターの考える価値はすばらしいものでした。では、なぜ組織での評価があまり高くないのでしょうか。おそらく「スピード＝雑」というのが、スピードスターの課題です。たとえば、ご利用者にふれる前に声かけをしていない、臥床後の布団や車いす、靴がきれいになっていないなどでしょうか。効率よく終えたい彼らにとって、声かけは、むだな動きの一つに含まれてしまっているのが課題です。

しかし、彼らの価値観であるスピード（効率）を否定してはいけません。声かけなんて、実際には2〜3秒のこと。布団をきれいに整える、車いすを定位置に置く、靴を揃える…、いずれも数秒のことです。時間をつくることができる彼らにとって、この程度のことは負担にならないはずです。実際、これを彼らにされてしまったら、だれも彼らを否定することはできませんし、だれも太刀打ちできないスペシャルな職員になるのです。無敵の「スピードスター・ゴールド」です。

③プランニング

さあ、それではいよいよ彼らの魂をくすぐる「プランニング」をしていきましょう。インテークおよびアセスメントの結果をふまえて、スピードスターのプランを作成してみました（図4-2参照）。

書き方は、あなたと職員の関係性によってさまざまでよいと思います。遊び心を加えたほうが、楽しんで取り組めるものです。日々のモニタリングや再アセスメントも重要ですが、いちばん大事なのは、一人ひとりを否定せず、リーダーが心から応援してあげることです。実際にこのようなプランを立てなかったとしても、リーダーが、自分の部下全員のやりたいこと、課題などを理解し、それを応援している姿勢でいれば、きっとあなたはみんなから信頼されるリーダーになります。

この章では、「組織」の特徴について、組織を率いていくリーダーシップについて、解説してきました。組織とは、「同じ目的をもった集団」です。100人集まっても、1000人集まっても、目的がバラバラなら、それはただの人の集まりです。同じ目的に向かって舵をとる。それがリーダーです。「シップ＝船」であり、あなたがみんなを乗せた船の舵をとる。それがリーダーシップです。

図4-2 職員育成計画書

施設長	統括主任	主任	副主任	副主任	リーダー	本人

初回・継続

職員育成計画書

職員氏名　A　殿
職員育成計画作成者及び職種　山口晃弘　施設長
職員育成計画作成(変更)日　令和２年６月１２日

要介護状態区分	要介護１　・　要介護２　・　要介護３　・　要介護４　・　要介護５

職員の仕事に対する目標	いかに仕事を効率よく終えるか。むだな動きをなくすことを追求する。

お仕事全般の解決すべき課題(ニーズ)	目標		援助内容
	長期目標	(期間)	サービス内容
新たなステージ、「スピードスター・ゴールド」になる！	ご利用者からも職員からも絶大な信頼を得るスペシャル職員になる。	6か月	タイムマネジメントができるAさんは、たいへん優秀な職員です。そのAさんだからできる介護があります。今の仕事に、①優しい声かけ、②整理整頓、③いつも穏やかな笑顔、この三つが加われば、無敵の職員になります。 みんなの手本となり、頼られ、ご利用者からも人気者になって、いずれはリーダーになってください。 「スピードスター・ゴールド」です。 Aさんなら絶対にできます。期待しています。
リハビリ強化担当になる。	ユニット利用者のADLが向上する。	6か月	Aさんには時間をつくる力があります。Aさんがつくってくれた時間をご利用者のリハビリに還元してあげてください。今は職員に余力がなく、ご利用者のADLは下がる一方です。リハビリの方法については、機能訓練指導員から直接、伝える機会をつくります。これは、時間を管理できる（タイムマネジメントできる）Aさんにしかできないミッションです。 よろしくお願い致します。

同意日　令和　　年　　月　　日　　署名

第5章

虐待・ハラスメントに挑む

そこに愛はあるのかい？

2006年4月、「高齢者虐待防止法」（高齢者虐待の防止、高齢者の養護者に対する支援等に関する法律）が施行されました。介護保険法が施行されたのが2000年4月ですから、その6年後に施行されたことになります。これは当然、高齢者に対する虐待事例が増えたことから整備された法律で、家庭内での虐待、施設における虐待ともに、増加傾向にあります。2019（令和元）年度の厚生労働省の調査結果では、家族や親族による虐待件数が1万6928件。介護施設の職員によるものが644件となっています。また、市町村への相談・通報件数は、家族や親族によるものが3万4057件。介護施設の職員によるものが2267件となっています。介護施設の職員による虐待発生要因としては、「教育・知識・介護技術等に関する問題」と答えた人が最も多く、次いで「職員のストレスや感情コントロールの問題」となっています。

件数や要因を紹介したのは、まず自分たちの施設においても、いつ虐待が発生してもおかしくないことを自覚することが大事だからです。実際に虐待が起きてしまった施設でも、

「まさかうちでは…」と思っていたのではないかと思います。もう「まさか」はありません。どこの施設でも起こり得るものなのです。

ここでは虐待を防止するために、リーダーのするべきことを一緒に考えていきましょう。

ステージ1 「教育・知識・介護技術等に関する問題」への対策

虐待発生要因として挙げられた「教育・知識・介護技術等に関する問題」への対策とは、つまり学びの機会を与える、ということだと思います。技術も含めて知識です。知識が不足しているがゆえに、過ちを犯す場合もありますから、正しい知識のレクチャーは必要です。OJTは不向きなので、ここはOff-JTで研修の機会をつくってみましょう。

あなたがもし、研修を自分で開いたことがないのであれば、虐待をテーマにした研修はもってこいです。伝えるべきことが明確ですし、エピソードなど自分の経験もとり入れやすいからです。参考書やリーフレットをなぞるだけのような研修では、聞く側に残りにくいので、しっかり自分の想いをとり入れた研修を準備していきましょう。

参考までに、私の虐待防止研修のスライドを一部ご紹介します。

図5-1は私が研修で使うスライドの一例です。パワーポイントがなくてもできます。大事なのは、あなたの想いです。心を込めて伝えましょう。

図5-1　虐待防止研修のスライド例

虐待はどうして起こるの？

割れ窓理論

スラム街に1台の高級車を駐車すると、1日目は何も起きなかったが、2日目にカーナビやオーディオが盗まれた。3日目以降は無法地帯と化し、ミラーやハンドル、シート、ドアまでもが破壊され、跡形もなくなってしまった。❶

「割れ窓理論」といって、最初はささいなことだと思って放置していると、後で取り返しのつかないことになる例。「今のユニットなどで、職員の言葉づかい、態度、居室の汚れなど、気になることはありませんか？」と参加者に問い、それを放置しておくことが、虐待に発展していく可能性があることを示唆します。

虐待はどうして起こるの？

高齢者だけを見るのではなく
自分自身を見てみたら…

コミュニーケーションの必要性

・メラビアンの法則

1.視覚的要素（55％）
2.聴覚的要素（38％）
3.話の内容（7％）　❷

「虐待は、認知症の高齢者側に問題があると思われがちですが、実は認知症の高齢者の不安をあおっているのは職員ではないか？」と自己覚知を促します。相手に与える印象を％で表したメラビアンの法則を用い、自分は相手によい印象（安心）を与えているかどうかを考えます。表情は優しいか？　声のトーンは？　虐待に発展しかねない「認知症高齢者の不安による言動」は、職員がつくり出しているものではないかと問いかけます。

図5-1 虐待防止研修のスライド例（つづき）

高齢者・障害者に対する虐待

●**津久井やまゆり園の事件（2016年）**
元職員により、男女19人が死亡、26人が負傷。

●**Sアミーユ川崎幸町の事件（2014年）**
相次いで入居者3人が転落死。

❸

津久井やまゆり園など、凄惨な虐待事例を用いて、虐待が「悪」であることを、職員が理解・納得できるよう促します。「人手不足やストレスが、人を殺めたり、人の幸せや愛する家族を奪う理由になど、なるわけがない！」など、あなたの想いをここでメッセージとして強調するのもよいと思います。

そこに愛はあるのかい？

介護のプロフェッショナルとして

と言わない（断らない）

❹

ここでは、虐待を考えさせる事例を話します。自分の身近な事例が理想ですが、なければしっかり情報収集して他施設などの事例を詳細に話すのもよいと思います。認知症でご家族による介護がむずかしい人を私たち専門職が拒否してしまったら…。そんな事例も心に響くかもしれません。

図5-1　虐待防止研修のスライド例（つづき）

介護をローマ字表記すると…
KAIGO
I（私・愛）
5

エピソードの結論。KAIGOの真ん中には「I（私・愛）」があります。「ご利用者本人を中心に据えた生活や愛がなかったら、それは介護とはいわない」など、真ん中はいちばん大事なことであると伝えます。

I（私・愛）のない介護は…
KAIGO
I（私・愛）
KAGO（カゴ）になる
6

さらに、「Iのない（本人不在、愛のない）介護はカゴになる。施設というカゴの中に閉じ込めているような介護は、介護とはいわない。施設や職員の都合ではなく、いつも本人の意向を中心に、愛をもってご利用者と向き合っていこう！」と締めくくります。

虐待防止策は、たしかに「教育・知識・介護技術等に関する問題」が大きいですから、研修などの機会は絶対に必要です。ただし、単に研修をするだけでは意味がありません。虐待防止法や虐待の種類を覚えたところで、虐待を防ぐことはできません。大事なのは、人を傷つけるなんていうことが間違いであると気づくことです。みんな知っていることですが、理解していることと、納得していることとは違います。頭で理解するだけでなく、心で納得するよう指導しましょう。そこに必要なのは「愛」ではないかと思います。

ステージ2

「職員のストレスや感情コントロールの問題」への対策

次に、虐待発生要因の2番目に挙げられていた「職員のストレスや感情コントロールの問題」への対策です。介護の仕事というのは、ずいぶん前から「低賃金・重労働」といわれてきました。挙句、「介護職員処遇改善加算」などというものまでできるくらい、介護職員への処遇は「劣悪なもの」と思われているようです。たしかに高所得ではないと思いますが、見方によってはこれは一種の風評被害であり、人は、世間でこのようにいわれている仕事に就こうと思わなくなってしまいますよね。

もう一つ、私が困ったものだと思うのは、こういった世間の評価に対して、実際の介護職員のなかに「自分たちは処遇の悪いなか、働いてやっている…」というような気もちになる人がいることです。介護は働く側が強い完全な売り手市場です。慢性的な人材不足により、職員側が退職を匂わせれば、職場の上司は慌ててしまいます。つまり、愚痴や不満を言いやすい環境が、他の仕事以上に「ストレスが溜まりやすい仕事」という幻想を生み出してしまうのです。私は断言します。介護だけが他の仕事に比べて大変ということはありませんし、特別ストレスが溜まりやすい仕事でもありません。世の中にはもっともっと過酷な労働はいくらでもあります。

まずは、それを認識することが必要かとも思いますが、実際に虐待につながりかねないのが、「職員のストレスや感情コントロールの問題」というのであれば、これを見過ごすわけにはいきません。リーダーとして、対策をしていきましょう。

ご利用者と接していて、職員がストレスに感じたり、感情のコントロールがむずかしく感じるのは、おそらく大半が認知症の人への対応だと思います。認知症の人は、事実と異なる言動をしたり、同じ話をくり返したりすることがあります。認知症のメカニズムや特徴、対応の仕方など、専門的なことはこの本の目的と離れてしまうので割愛しますが、あなたにはリーダーとして、認知症の人の言動にイライラしたり、ストレスを感じている様子の職員をどのように導いていくかが問われます。

「人手が足りない。業務が忙しくてご利用者と向き合う時間がない。だから心に余裕がない」。そのように言う職員は多くないでしょうか？

では、あなたが大好きな彼や彼女に、忙しいときに声をかけられたらイライラしますか？きっとしませんよね。逆に元気が出ると思います。要はそこに「愛」があるからなのです。「愛」は男女の愛だけではありません。家族への愛、親友への愛、大切な人への愛など…。ご利用者が職員にとって大切な人なら「愛」をもって接することができるのではないでしょうか。それをコーディネートできるのもリーダーのチカラです。特養であれば、従来型からユニットケアに移行していったのも、一人ひとりのご利用者とより密接な関係が築けるように、という意図があったと思います。

50人のご利用者のことを理解し、把握してケアするより、10人のご利用者のことを理解し、把握してケアするほうが、きっとよいケアができるはずです。なぜなら、その人のことがより理解できて、より身近な存在になるはずだから。ご利用者の言動をストレスに感じたり、イライラしないように、チームをマネジメントしてみましょう。

①ご利用者の人となりをわかりやすくする

特養など、高齢者施設で働く私たちにとって、はじめてお会いしたときからご利用者は「高齢者」です。もしも今、その人がトイレではない場所で排泄をしたり、同じことをくり返し話したりする「認知症の高齢者」だったとしても、その人には苦労して生きてきた歴史があり、大切に想う家族がいます。生活相談員やご家族から生活歴をできるだけ聞かせてもらい、職員がご利用者の人となりを理解してケアにあたれるようにしましょう（表2－2（50ページ）参照）。

②常にユーモアを忘れない

私は、認知症介護の切り札は、ユーモアだと思っています。職員をイライラさせるのは、認知症の人のネガティブな発言ではありませんか？　認知症の人が不安になるのは、さびしかったり、つまらなかったりするからです。楽しいときはそうはなりません。いつも笑わせるくらいのユーモアを職員みんながもてるようにしましょう。楽しいと、ご利用者が不安にならないだけでなく、職員もイライラしないものです。ただし、ユーモアには定義が必要です。認知症の人の言動を笑ったり、ばかにしたりするようなものは当然、ユーモアとはいいません。ユーモアの定義として「だれも傷つけないこと」と約束することが大切です。だれ一人傷つかずに楽しめる。本来、それがユーモアであるはずです。

③率先垂範すること

①、②のことをあなたが率先垂範することが大事です。それだけでなく、「心に余裕がなくなる」理由となる業務、特にみんながいやがる業務を率先垂範して行いましょう。人のいやがることを率先して行う。次の人が使いやすいようにしておく。そういったリーダーの細

やかな心づかいが、いつかチームの風土になるのです。

認知症のご利用者が愛や笑いのなかで安心して生活できるように、職員も愛や笑いのなかで安心して仕事がしたいのです。ご利用者が職員からの愛を感じて安心できるように、職員もリーダーからの愛を感じて安心できるのです。

「ストレスや感情のコントロールができずに虐待が起こる」……。そのような気もちになるのは、そこに「愛」がないからです。

あなたの職場…、「そこに愛はあるのかい？」

ハラスメントの根底にある人間関係

セクハラ、パワハラ、モラハラ…。この数年間で、何十種類の「ハラスメント」が誕生したのでしょうか。ハラスメントはもちろんよいことではありませんが、何でもかんでもハラスメントと主張する人が増えすぎて、組織を率いていく立場の人は、むずかしい時代になったかもしれません。教師による体罰も似ています。私たちが子どものころは、悪いことをしたら（宿題を忘れたぐらいでも）教師に殴られるのは日常でした。廊下に立たされたり、嫌いな給食のおかずも食べるまで帰らせてもらえなかったり、「ケツバット」というお尻がみみずばれになる恐ろしい体罰もありました。

それでも納得がいっていたのです。「悪いことをしたのだから当たり前」。そう思っていました。時代が変わったのはたしかです。しかし、人間関係の根底にあるものは、そんな簡単に変わるものではないような気がします。

ハラスメントを回避する本はいくらでも世に出回っていますから、ここでは、あなたの指導を部下が「ハラスメント」ではなく、「私のことを想ってくれている」と感じられる人間関係の構築について、一緒に学んでいきましょう。

ステージ1
「粗さがし」より「宝さがし」

人間はほめて伸ばしたほうが早く成長します。これはすでに世の中のセオリーになりつつあるようです。しかしそれは、間違ったことをした場合に注意や指導をしないこととは違うと思います。部下が間違いや失敗をしたから注意したのに、ふてくされたような態度をとられたり、「逆ギレ」されたりした経験はありませんか？　このような態度では、本人は改める気がなさそうですし、注意したあなたも損した気分になります。

部下といえど、人に注意や指導をするというのは、あまり気もちのよいものではありません。せっかく注意するなら、相手も素直に聞き入れて、改善を期待したいのですが、そうならなかったのは、あなたの注意の仕方が悪かったのでしょうか。おそらくそうではありません。人を注意するには、注意の仕方よりも、それまでのプロセスが大事なのです。

あなたは、「問題のある職員」と思っている職員とふだん、どのくらい話をしていますか？　注意をするとき以外、どのくらいの頻度で話をしているでしょうか。もしも、注意をするとき以外はほとんど話をしていない、と思ったら、それは改善しましょう。注意をされる側にしてみれば、「たまに声をかけてきたかと思えば説教か…」と思うのはやむを得ません。「粗さがしをされている」と思われてしまうでしょう。実際にあなたにも思い当たる節はありませんか。「問題のある職員」と聞いて頭に浮かんだ職員のことを、あなたはそういう目で見ているということです。

たとえば、その職員が問題のある行動を1年に3回したとします。あなたにとってみれば、1年に3回も問題行動をする職員、と思うかもしれません。しかし、1年間で職員が勤務する日数は、おそらく250日程度。250日勤務するなかの3日です。たった1・2%のことで、あなたは「問題のある職員」とラベリングしてしまっていることになります。実際には、残りの98・8%はきちんと仕事をしてくれているのです。98・8%よりも1・2%を重視するのであれば、これは「粗さがし」と思われても仕方ないかもしれません。

「粗さがし」は何も生み出しません。無益なことをするより、「宝さがし」をしましょう。ふだんから、職員のよいところを口に出してほめるのです。ささいなことでも、ほめることを習慣にしましょう。ふだんからほめてもらっていると、注意されても「粗さがしをされているわけではない」と素直に聞くことができるのです（図5-2参照）。

ステージ2

注意されることが心地よくなる指導とは

いくらほめて伸ばすほうがよいといっても、やはり注意をしなければならないこともたく

図5-2 素直に聞けるのは、どちらの助言？

怒ってばかりの Aさん

Aさんは、いつも怒ってばかり。こんな人の言うことは絶対に聞きたくない！

いつもほめてくれる Bさん

Bさんは、いつもほめてくれるなぁ。うれしいなぁ。

指導されたとき、どちらの助言を素直に聞けるか、明白ですよね

さんあります。リーダーは職員と向き合うことから逃げてはいけません。ここからは「部下への注意の仕方」をお伝えしていきますが、先に、部下を注意する場合の「三大ＮＧポイント」をお伝えしておきます。

①人前で注意する

基本的に人前で恥をかかすというのは配慮がなさすぎます。

②メールやＬＩＮＥなどで注意する

ダメな上司の典型です。面と向かって言う勇気のないことが露呈します。

③一方的で感情的に注意する

自分が知り得た情報だけで、一方的かつ感情的に注意することはやめましょう。１００％嫌われます。

この三つは論外です。

人に注意をするというのはいやなものです。今日は部下にどうしても注意しなければならない…。そんな日は朝から憂うつだったりします。そんな経験はありませんか？

逆に、部下に注意することが大好き、という人はあまりいないと思います。だから、注意することが苦手だとしても、それを悪いことだとは思わないでください。むしろ注意される側の気もちを考えたり、人を傷つけたくないという気もちがある人は、リーダーとして適任です。注意するということは、相手を変えることではなく、相手に気づかせることです。相手が気づくように伝えるには、相手の気もちを考える人でなければできませんから、むしろ「自分はリーダーに向いている」と思ってください。

それでは、部下への注意の仕方を一緒に学んでいきましょう。

今回は、自分のユニットに次のような職員がいると想定してみてください。

職員のBくん(20代)は、身だしなみ、言葉づかい、態度の悪さが目立っています。基本的にご利用者には優しいBくんですが、この度、女性利用者のMさんの長男から「うちの母親に対して、『かおるちゃん』と呼んでいるのを聞いた。どういう教育をしているのか?」と苦情がありました。Bくんの言葉づかいには、他の先輩職員も何度か注意をしていますが、いつもBくんが「逆ギレ」して終わっているようです。

今回の件で、Bくんの指導を任されたためなたは、今日の夕方、Bくんを呼んで話をすることになりました。あなたはその場でどのように注意をしますか？

リーダー「Bくん、Mさんのご家族から、君がMさんのことを『かおるちゃん』と呼んでいる。どういう教育をしているんだ！　と苦情があったよ。君は言葉づかいや態度のことを何度も注意されているのに、どうして直せないんだ。こういうことがあったとき、言われるのは君じゃない。私なんだよ」
Bくん「すみません。でも、Mさん、『かおるちゃん』って呼ぶと喜ぶんですよ」
リーダー「目上の人に、ちゃんづけなんてダメに決まってるだろう。とにかく、その呼び方はすぐにやめてください。服装も態度も改めないと、もう私は責任をとれないからね」
Bくん「すみませんでした」

どう思いますか？　リーダーだって人間です。怒りを当事者にぶつけたい気もちもわかりますが、ほしいのは「結果」です。きっとリーダーも、いっときの感情の発散よりも、Bくんが心から改善してくれることのほうがうれしいはずです。

では、次の例はどうでしょうか。

リーダー「お疲れさま。いつも頑張ってくれて、ありがとう。今日は聞きたいことがあって時間をもらいました。一方的な話だけを聞くのはいやだから、事実確認をさせてください」

Bくん「はい」

リーダー「Mさんのご家族から、BくんがMさんのことを『かおるちゃん』って呼んでいると指摘されました。これは本当ですか?」

Bくん「本当です」

リーダー「Mさんのことを『かおるちゃん』って呼ぶことには理由があるの?」

Bくん「はい。Mさん、『かおるちゃん』って呼ぶと、とても喜ぶんですよ。うれしそうにしてくれるから、つい『かおるちゃん』って呼んじゃうんですよね」

リーダー「そうか。Bくんがそう感じるのは、きっと間違っていないんだろうね。実際、Mさんも喜んでいるのだと思う。でも、たぶんMさんはBくんのことが大好きだから、声をかけられるとうれしいのであって、呼び方が違っても喜んでくれるんじゃないかなあ。二人の信頼関係のもとで、心地よい呼び方があるのかもしれないけど、一方で、Mさんには、母親としての顔もあるからね。もしも将来、Bくんのお母さんが施設に入所することになって、Bくんよりずっと若い職員から『〇〇ちゃん』って呼ばれていたら、どう思う?」

Bくん　「それ、いやですね」
リーダー「私たちは、Bくんが心根の優しい人だって知っているから、悪く思わなくても、ふだんのBくんを知らない人が、その場面だけ切りとって見たら、どう思うだろう？　きっとBくんのように思うんじゃないかな。いつもMさんや他のご利用者にも親切にしているのに、呼び方一つで、そんなふうに誤解されるのは、私たちもいやなんだよ。だから今日は、Bくんはどう思うか聞いてみたかったんだ」
Bくん　「ありがとうございます。僕、どうしていったらいいですかね？」
リーダー「Bくんはどうしていったらいいと思う？」
Bくん　「そうですね…。息子さんを不快にさせないような呼び方とか、かかわり方を考えてみます」
リーダー「そうだね。Bくんなら絶対にできるよ。君はとっても心根の優しい人だし、だからご利用者にも人気があるんだもの。Bくんをいつも応援しているからね。期待しています」
Bくん　「えへへ。ありがとうございます」

今回のやりとりは、Bくんもだいぶ納得できたようです。

何が原因なのか分析してみましょう。

①事実確認から始めること

どんなに許しがたいような事案であっても、あなたのもっている情報は、だれかの価値観が加えられた情報であり、断片的です。最初から、当事者を威圧するような言い方をすると、相手の気もちも頑なにしてしまいます。事実確認から始めることで、Bくんにしてみれば、だれかからの情報だけで判断するのではなく、自分にちゃんと聞いてくれた、という感謝にもつながります。

②当事者の言い分を聞く

たとえ「言い訳無用」に感じる事案でも、当事者には言い分があるはずです。そこにも耳を傾けるようにします。そうしなければ、当事者のなかで「自分のことは何も聞いてくれなかった」という気もちだけが残り、本来、反省すべきところに気もちが向かなくなるからです。それに、どうしてそうなったのか？　を分析しなければ、問題の根本的な解決にはなりません。

③核心に迫る（自分だったらどうか？）

人間の起こす問題の本質は、子どもも大人も変わりません。「自分がされたらどうか？」が問題の本質です。自分がされていやなことは人にもしない。保育園や幼稚園で習ったことですよね。今回の問題の何がいけなかったのか。核心に迫り、伝わりにくいようであれば、逆の立場になって考えることをうながします。

④改善策は自ら提案させる

「どうしたらいいですか？」の問いにリーダーが答えてしまったら、改善案は「リーダーからの指示」になってしまいます。これでは指示に従うということにとどまってしまいます。本人がどうしたらよいと思うのか？　を聞き出すことは、気づきにつながります。「教わったこと」ではなく「気づいたこと」になるようにします。上司からの指示に従うのではなく、自分の言葉に責任をもつこと、これが大事なのです。

⑤期待していることを伝える

問題を度々、起こす人というのは「どうせ私なんか…」と自分を卑下している人が多いように思います。「君ならできる」「信じている」という気もちをきちんと言葉で伝えてください。うわべだけの期待は煩わしいだけですが、心からの期待はうれしいものです。面談は最後が大事。最後が印象に残るのです。最後は心からの期待を伝えましょう。

人間は基本的に承認欲求の塊です。自分を価値ある存在として認めてほしいと思っています。人材育成の肝は、この気もちに応えることなのです。自分を価値ある存在として認めてくれるリーダーの下で働きたい。そういうリーダーの言うことだから素直に聞ける。注意、指導をする場面とは、実は起こした問題や行動を叩く場ではなく、「あなたは私（チーム）にとって必要な存在であり、あなたに期待している」ということを伝える場です。結果的には、それが「起きた問題」ではなく、「根本的な問題」の解決になるのです。

人に交わるには信を以てすべし

人材育成の本として、精神論ではなく、どちらかというと技術書として、現場のリーダーの力になりたいと思いながら書き進めています。

人材育成には技術が存在します。それは間違いありません。私の経験上にはなりますが、その技術をこの本を通してできる限りお伝えできたらと思っています。

しかし、実際に介護現場で起こる問題は、システマチックには解決できないものばかりです。介護というヒューマンな現場である特性から、人と人とが向き合うことや逃げずに根気よく取り組むことなどが大事なのは、きっとみなさん理解されていることだと思います。

この章の終わりに、信じることの大切さ、信じ続けることの大切さを少しだけお伝えします。

人は人の気もちに敏感です。特に、負の感情をもたれていることは気づきやすいです。まわりが自分に対して負の感情をもっている場合、あなたならまわりの印象をよくしようと努力しますか？　私が見てきた多くの人は逆です。「どうせ私なんか」「どうせおれなんか」とまわりに対して心を閉ざし、「どんなふうに思われてもどうでもいい」と頑なになっていってしまった人がほとんどでした。それが態度に出たり、容姿に出たりします。髪を金髪に染める、明らかに仕事に向かないネイルを施す、髭を伸ばす、制服を着ない、なかにはタトゥーを入れたりする人もいました。そういう人たちは、ダメな人たちなのでしょうか。私はそうは思いません。みんなさびしいのです。

先に述べたように、人は承認欲求の塊です。認められたい、必要とされたい、愛されたいと思っています。でも、何かをきっかけに悪い印象をもたれてしまい、人生の歯車が狂ってしまったのだと思います。

閉ざしてしまった心の扉は、ノックしても開けてはくれません。無理やり開けることもできません。鍵がかかっているのです。その鍵を開けることができるのは「愛」だけです。愛とは信じることです。

よく「彼は、何回言ってもわからない」と言う人がいますが、実際には何回、言っているのでしょう。5回ですか？　10回ですか？　私がこれまで出会ってきた職員のなかには、二桁ではきかないくらい注意してきた人もいます。ある職員は、そんな私に向かって「山口さん、もうあきらめてくださいよ。おれは山口さんが思うような人間じゃないんだ。おれ、変わんないから。おれのことなんて放っておいてくださいよ！」と声を荒げました。私が「そうかなあ。私にはそうは思えない。君に10回、20回言ったくらいで聞いてくれるなんて思ってないさ。100回でも200回でも言ってやる。君がいつか私に心を開いてくれるって、信じてるからな」と言うと、「山口さん…、本当、ばかじゃねえの！」と言って、その場を去って行きました。しかし、その翌日、彼は私が注意し続けてきたことを正してきました。驚いたまわりの視線を感じながら、私とも絶対に目を合わせず、恥ずかしそうにしていた彼の顔が今も忘れられません。

不適切なケアをして、出勤停止の処分にした職員もいました。そこまで悪質なものではなかったので、厳重注意で済ますこともできましたが、彼は、将来を期待する若い職員でした。ここで甘い処分にしてしまっては、彼のためにならないと考え、彼を信じるからこそ、厳しい処分にしました。彼は、出勤停止になった理由を家族にも話さなければなりません。それがどれだけ辛いことか…。まわりからは「厳しすぎる」と批判の声を浴びました。ただ、私は彼を信じていました。絶対に立ち上がってくれると信じていたし、必ず戻ってきて今まで以上に活躍してくれると信じていました。謹慎を終えた彼は戻ってきてくれて、それまで以上に今も活躍してくれています。私が将来を期待する職員のひとりです。

「信じる」と口で言うのは簡単ですが、自分を否定されたり、批判されたりしても、それでも相手を信じぬくというのは、並たいていのことではありません。いくら信念をもって正しいことをしているつもりでも、相手に伝わらないことは多々あります。私も面と向かって否定されたり、運営や指導方法を頭ごなしに批判されたりしたことが何度もあります。悔しくて悔しくて、拳を握りすぎて手のひらに爪が食い込んでしまい、出血したこともあります。それでも、いつか必ず気もちが伝わると信じてきました。

なぜそこまで思えたのかというと、実は部下のこと以上に、自分自身を信じてきたからだと思います。私は、福祉の仕事とは、ご利用者の尊厳を守ることであり、みんなの幸せに生きる権利を守ることだと思っています。ご利用者の尊厳を守り、幸せにしてくれるのは、職員です。だから私は、職員を守ります。ご利用者と職員を全力で守っているつもりです。その信念に自信をもっているからこそ、たとえ気もちが伝わらなくても、誤解をされたとしても、いつか必ずわかってくれると信じられるのだと思います。職員の成長と幸せをだれよりも願っているつもりです。この姿勢は一生変わらないと思います。

自分の部下、仲間を信じましょう。そんなにむずかしいことではありません。一歩ずつ、一歩ずつです。リーダーは、指導をしていかなければなりません。立場を変えてみればわかるはずです。自分のことを信じてくれていないリーダーの言うことなど、素直に聞けるでしょうか。くり返しになりますが、人は人の気もちに敏感です。特に負の感情をもたれていることには気づきやすいのです。相手を信じることは、人材育成への第一歩です。そのためには、次の7か条を明日から実践していきましょう。

①相手を信じる
②何度、裏切られるような行為があっても、信じ続ける
③人の悪口を言わない。人の悪口を聞いても乗らない
④噂を真に受けない
⑤相手が感じが悪くても、自分は絶対に感じよくあいさつする。感じよく話をする
⑥間違いや失敗に対して注意をしても、最後は「信じている」と伝える
⑦自分が間違っていたと気づいたら、必ず素直に謝る

心を閉ざした相手が、「自分を信じてくれている」と感じて心を開いてくれるまでには、かなりの時間がかかります。ちょっと頑張ったくらいであきらめず、根気よく、根気よく向き合っていくことが大切です。

なかったところから生まれた絆は強いのです。

「人に交わるには信を以てすべし」「人に交わるには心を以てすべし」。この訓練は、必ずあなたを大きなリーダーにしていきます。頑張って!

第6章

実践力で魅せる・応える

実践なければ…、尊敬されず

あなたが現場のリーダーなら、リーダーシップを最も発揮できる条件は、実践力があることです。実践して魅せられる。これほど圧倒的なリーダーシップはありません。リーダーは介護、福祉を語れることが大事だと、第3章でお伝えしましたが、その理想を実践できるなら、これに勝る説得力はありません。実践すれば証明され、証明すれば信用され、信用されれば尊敬される。つまり、尊敬されるリーダーになるために、最も効率よい方法が、実践することです。

介護現場のリーダーには、どのような実践力が求められているのでしょうか。どうすれば現場の介護職から尊敬されるリーダーになれるのでしょうか。私の管理する施設の介護職の意見をもとに、現場の介護職が「こんな介護職は尊敬する」というスキルをまとめた「リーダーに求められる実践力評価シート」（表6−1参照）をつくってみました。リーダーシップやマネジメント力とはまた一風違った、尊敬される介護スキルです。まずは、自己評価してみてください。

表6-1 リーダーに求められる実践力評価シート

No.	項目	自信あり（10点）	ふつう（5点）	苦手（2点）	合計
1	食事介助はご利用者の姿勢にこだわり、嚥下を確認しながら介助している。 毎回献立を把握し、説明しながら介助している。				
2	入浴介助はタオルをかけるなど常に羞恥心に配慮しながら行っている。 ご利用者を楽しませながら、一定の時間で一定の人数を終えられる。				
3	排泄介助は「おむつの当て方がきれい」と他職員から評価される技術がある。 「遅い」と言われないスピードでていねいに終えることができる。				
4	ご利用者、ご家族からの信頼が厚く、よく相談を受ける。				
5	認知症のご利用者が混乱（強い帰宅欲求など）していても、絶対にスルーせず、対応して落ち着いていただくことができる。				
6	ご利用者に食事、入浴、排泄の拒否があっても、自分が対応すると了承してくれることが多い。				
7	1日のコーディネートをして、自分が勤務の日はみんなに残業をさせずに業務を終えることができる。				
8	ご利用者への救急対応などは率先して行い、まわりに的確な指示が出せる。 一定の医療的な知識がある。				
9	整理整頓、居室内の片づけ、布団の掛け方、たたみ方、車いすの位置、脱いだ靴の位置など、「あなたの夜勤（勤務）の後はフロアがきれい」と言われる。				
10	ご利用者に人気があり、自分が勤務の日は喜んでいただけている実感がある。				
	合計				

何点とれたら合格というラインがあるわけではありません。毎月でも、半年ごとでもよいので、自己評価をしてみて、点数が上がっていればよいと思います。

ここで見えてくるのが、介護職が現場で一目置く職員の傾向です。

①三大介護はうまくて当たり前
②いくらていねいでも、時間管理ができない職員はダメ
③ご利用者が混乱したときに頼れる
④急変時対応を含め、医療的な知識がある
⑤ご利用者、ご家族から人気がある

まとめるとこんなところでしょうか。こういった力をもった職員が一目置かれるようです。

これらは実践力です。実践力とリーダーとしてのスキルは別物ですが、実践力の高い職員が、リーダーシップを発揮できるのなら、これに勝るリーダーはいません。

実はこの項目は、私が現場でリーダーを務めていたときに意識していたスキルと完全に一致しています。

①三大介護はうまくて当たり前

まさにそう思っていました。特におむつ交換に関しては、きれいで速いことを徹底して訓練しました。下半身をさらけ出さなければいけないわけですから、いくらていねいといってもあまり時間をかけるのは失礼です。きれいさと速さにはこだわっていました。おむつ交換が汚くて遅いリーダーが一目置かれることはありません。もしも「自信あり」に丸をつけることができなかったら、ここは今からでも訓練をしましょう。

②いくらていねいでも、時間管理ができない職員はダメ

第1章でも述べたように、どんな職業においても、時間管理ができない職員に優秀な人材はいません。時間管理は、優秀であることの条件の一つなのです。時間を管理するには、時間を読むことです。職員が足りないとき、具合の悪いご利用者がいるとき、ミーティングやご利用者の通院などイレギュラーな予定があるとき、それぞれ同じ動きではないはずです。リーダーは、出勤したら毎日、その状況に合わせて、今日の動き方を職員たちに伝える、もしくは相談しましょう。「今日は10時に〇〇さんの通院があるから、いちばんに入浴していただきましょう。通院準備は私が対応します」「今日は遅番が欠勤なので、〇〇さんは今から入浴介助に行っていいよ。排泄介助は私一人で回るから」「今日は午後からミーティング

でしょう。○○さん何時に休憩入る？　私はその後で。短くてもいいから」といったように、出勤時に職員との1日の時間調整を打ち合わせします。

③ご利用者が混乱したときに頼れる

これこそが、介護リーダーとしての魅せ場です。見せる介護ならぬ、「魅せる介護」。自分が誘導してもお風呂に入ってくれないご利用者が、リーダーが誘うとお風呂に入る。認知症のご利用者が夕方になると帰宅欲求が強くなって大混乱。でも、リーダーが声をかけると落ち着いてくれる…。こんな介護を魅せられた日には、リーダーへのリスペクトは一気に上がるというものです。

たとえば、私がグループホームの所長をしていたころ、新人職員が入職した初日に、必ずしていたことがあります。「Cさん（新人職員）、Yさん（女性のご利用者）は夕方になると、必ず帰宅欲求が強くなって、『私、帰ります』と大騒ぎになっちゃうんだ。今日は私が、『私、帰ります』を『泊まってっていい？』に変えてみせるから、見ていてね」と約束するのです。もちろん、新人職員のCさんは半信半疑。私はある方法を使っていました。

Yさんは楽しいときは、帰宅欲求なんてまったく顔を出しません。したがって、一緒に体操をしたり、料理や掃除、洗濯物たたみなどを手伝ってもらいます。このとき私は、自分が苦手なので、Yさんに手伝ってほしい、助けてほしい、といつもお願いしていました。「あっはっは！　お兄さんは何にもできなくて困ったもんだねえ」と大笑いするYさん。Yさんに「自分はここで必要とされている」という実感をいつももっていただけるようにしていたのです。

人にとっての居場所とは、自分が必要とされている場所ではないかと思います。事実、Yさんはたまにご自宅に帰られても、「私は帰ります！」と言ってすぐに施設に帰りたがっていたそうです。自分の家にいても、帰宅欲求が出るとはどういうことなのでしょう。それはきっと、自分の居場所があること、必要とされる実感がもてる場所、それがご本人にとっての「家」だからではないでしょうか。だから私は、Yさんに「あなたが必要です」と伝え続けていました。

夕方、暗くなってくるころ、ふと時計を見たYさんは、「あら。もうこんな時間。私どうしよう？」と、ちょっと不安になります。私が「えー！　Yさん、帰っちゃうの？」と言うと、Yさんは「お兄さん、泊まってっていい？」と言ってくれるのでした。これを見ていた新人職員のCさんは感激。こんなシーンを魅せられて、所長をリスペクトしないわけがありません。これが私の必殺技でした。ずるいですね（笑）。

これは、私とYさんのエピソードです。認知症の人に対して、こうすればうまくいきます、なんて方法はありません。当たり前です。たとえ認知症になっても、一人ひとり人は違うのだから。ただ、人のエピソードを聞いて参考になるものはあるかもしれませんね。あなたも、あなたとご利用者のエピソードをつくってください。大切なのは、相手を思いやる気もちです。第5章で、「認知症介護の切り札はユーモア」と書きましたが、なぜユーモアのある人が好かれるかといえば、それは優しいからです。介護はわざわざ笑わせなくても成立します。それをわざわざ一手間、二手間かけて笑わせようとする人は、優しい人です。そんな優しさをご利用者は見抜きます。だからユーモアのある人が好きなのです。

④急変時対応を含め、医療的な知識がある

介護は今も昔も、医療的な知識がある人が一目置かれる傾向にありますね。高齢者の身体はギリギリの状態にありますから、どうしても体調を崩しやすいですし、感染症にもかかりやすいうえに、重篤化しやすいです。いつ急変するかわかりませんし、やはり救急対応も含め、医療的な知識があるに越したことはないのでしょう。

医療的な知識をつけるには、医療職とよく話をすることがいちばんです。施設であれば、看護師とよくコミュニケーションを図りましょう。介護と看護が敵対しているような現場もありますが、これはまったく利益を生み出しません。百害あって一利なしです。もしも、介護と看護のコミュニケーションがうまくいっていない現場なら、あなたはリーダーとしてマネジメントしたほうがよいでしょう。その際、リーダーは相手の立場、つまり看護師の立場に寄り添うことが大事です。介護施設において、介護職は最大勢力です。人数が多い強みも

ありますし、看護師は少人数で多くのご利用者の状態を把握しなければならない大変さもあります。介護リーダーとして、あえて看護師の大変さに寄り添ってあげてください。

極端な言い方をすれば、看護は命を守ることを主とし、介護は生活や尊厳を守ることを主とします。時には意見がぶつかることもあります。そういったときに、どちらの意見も否定せず、コーディネートするのがリーダーの役割です。それには、介護リーダーも一定の医療知識をもつべきです。高齢者に多い疾病と症状。高齢者によく処方される薬の名称と効能。血液検査などで注目すべき項目、正常時の数値。その他、看護師の使う医療用語にある程度ついていければ、看護師からも一目置かれます。看護師が対等に話をしたいとき、呼ばれるようなリーダーになることが大事なのです。

また、体調のかなり悪いご利用者がいたとしたら、夜間帯に起こり得ること、何かあった場合の対応方法を、必ず看護師に聞いておきましょう。それをリーダーから夜勤者に伝えるのです。夜勤者が不安なのは、何かあった場合の対応方法です。これを先読みして伝えてくれるリーダーは、理解あるリーダーとして信頼されます。

⑤ご利用者、ご家族から人気がある

これ以上の説得力はありません。介護は生活支援という人の価値観に左右される仕事なので、だれが言っていることが正しいのか、という議論になりがちです。だから、ご利用者からの人気、ご家族からの信頼を得ているリーダーは説得力があるのです。どんなに理路整然と話をしても、肝心のご利用者に人気のないリーダーなんて、いやですよね。

以上のような5点を押さえておけば、かなりいい線をいったリーダーになっているはずです。めざすべき姿を見せることができるリーダーは、まさに動く教科書です。

部下に学ぶ

「我以外、皆、我が師」という言葉があります。「自分以外の人は、皆、自分にないものをもっていて、自分に大事なことを教えてくれる」という意味です。この姿勢をもち続けることで、どんなに職位や地位が上がっても、おごることなく成長し続けることができると思います。

職位や地位が上がると、急に態度がえらそうになる人がいますよね。どうしてそれが「カッコ悪い」ということに気づかないのでしょう。「実るほどこうべを垂れる稲穂かな」という言葉がありますが、本当に立派な人ほど謙虚なものです。この世に完璧な人間などいません。自分は何でもできている、自分は何でもわかっているなどと思うことは、とても愚かなことですし、その姿勢はまわりに伝わってしまいます。だれからも学ぶ謙虚な姿勢をもちましょう。知ったかぶりやできるふりをしているリーダーより、謙虚に学び、謙虚に実践するリーダーのほうが、何倍もカッコイイものです。

自分より年下や後輩、部下から学ぶ謙虚な姿勢をもつには、「どんなことからも学びはあるもの」という意識をもつことです。人間というのは、どうしても気の合う者同士で集まってしまうものですよね。似たような考えをもった人同士のほうが一緒にいて心地よいですし、話していて楽しいものです。書店に行けば、読んだことのない本、知らないジャンルの本がたくさんあるはずなのに、つい、自分の知っている知識、好きなジャンルの本を手にとってしまいます。自分と同じ考えや知っている知識を再確認することで、自分の理解を確固たるものにしたいのです。

でも、これでは新しい知識や情報を得ることはできず、成長できません。書店に行ったら、ぜひ今までまったくふれたことのないジャンルの本を手にとってみてください。自分の仕事が、介護・福祉だから、中央法規の本だけ読んでいればよい？（冗談です（笑））何からでも、学ぶ意識さえあれば学べるのです。政治、経済、ＩＴ、哲学、芸術、スポーツにも介護に関するヒントや人材育成に関するヒントはたくさん隠れています。

もしも、つまらないと思ったら、なぜつまらないのかを学ぶのです。嫌いな人と、あえて二人きりになって話してみたり、いかにもつまらなそうな講師の講義に出てみたり、今まで避けてきたチャレンジをしてみましょう。なぜ、自分はこの人が嫌いなのか？　なぜ、この講師の話はこんなにつまらないのか？　と考えながら話を聞いていると、意外と面白い発見があるものです。人と目を合わせないから嫌い、上から目線で話すのが嫌い、余計な知識のお披露目が嫌い、話が長くて嫌い、自慢話が多くて嫌い…、といった感じでしょうか。どれもたしかに嫌いになる要素が満載ですね。こうしてなぜ嫌いなのかがわかれば、自分はそれをしなければよいのです。このように、反面教師的な要素も含めて、「どんなことからも学びはあるもの」という意識をもつようにすれば、自分より年下や後輩、部下から学ぶ謙虚な姿勢が育まれていきます。

話が飛躍してしまいましたが、部下からも学ぼうとするリーダーの姿勢は、部下のモチベーションも上げていくことになります。

この原稿を書いているとき、現場で次のようなエピソードがありました。

看取りケアのふり返りの会議。生活相談員が司会で、医務室長（看護師）、管理栄養士、介護副主任2名、亡くなったご利用者の担当職員である新人職員、私の計7名で話し合いをしました。亡くなった女性ご利用者Fさんの担当職員は、まだ入職したばかりの20代男性Dくん。彼は職位の高い職員たちに囲まれて、緊張した様子でした。

Fさんの看取り期の様子を遠慮しながら話すDくん。自分の未熟さゆえに、Fさんに十分なことができなかった、申し訳なかったと、反省の弁ばかり述べていました。これを黙って聞いていた医務室長は、「Fさんが亡くなる一週間ぐらい前、ケアワーカー室の近くの部屋が空いたじゃない？ そのとき、私（医務室長）と相談員とケアマネとで話して、Fさんをその部屋に移しなさいっていってあなたたち（介護職）に言ったんだよね。

でもさ、あなたたちは全員で反対したじゃない。『Fさんは今までの部屋でみる』って。『住み慣れたFさんの部屋にいていただく』って。一致団結してさぁ。少し前だったら、上から言われればそのとおりに従うような感じだったのに、変わったなぁって、たいしたもんだなぁって思ったよ。それだけ想いがあるってことだもんね。立派だと思ったよ」と医務室長なりの言い方で、介護職を評価していました。

医務室長は、60歳の大ベテラン。経験豊富で優しくて面白い素敵な女性です。でも、職位は統括主任級ですから、現場の介護職にとっては、やはり「怖い」存在。これだけの人が、入職したばかりの20代の職員に対して、自分の意見に反発したことを評価しているのだから、私から見ると医務室長、さすがだな、と思うわけです。言った後に、「こう見えて私はみんなのこと隠れて見てるんだよ。明子みたいに」と照れ隠しの冗談を言うあたりがまた素敵なのです（明子とは、『巨人の星』の星飛雄馬の姉のことです）。

リーダーなど、職位の高い人が、自分より職位の低い人や若い人などにおごることなく、よいものはよいと評価し、認めることは、「百利あって一害なし」です。ほめたり、評価することに対して、「あまり認めると調子に乗る、つけあがる」などという人がいますが、これはあまりにも部下をばかにしすぎです。私たちは会社組織や仕事を通して出会った社会人です。みんな大人です。部下を子ども扱いしたような態度や言葉は、逆に部下からばかにされることになります。

だいぶ昔の話になりますが、プロ野球の中継で、プレイでミスをしてベンチに戻った選手に対して、監督が怒って頭を殴るシーンがテレビに映りました。これはいけません。

中学生や高校生ならいざ知らず（体罰はよくないですが）、相手はプロ野球選手。当然、一社会人であり、大人であり、監督にとっては部下だとしても、家に帰れば、愛する夫であったり、尊敬する父親であったり、一家の主なのです。その人をプレイでミスしたからといって殴るなんてことは、絶対にあってはいけません。たとえ上司と部下であっても、お互いに一大人同士であることを尊重しなければいけないのです。

このことをリーダーは、常に念頭に置いてほしいと思います。ご利用者が、だれかにとっての大切なお父さん、お母さん、大好きなおじいちゃん、おばあちゃんであるからこそ、大切にしなければいけない。それと同じように、職員たち一人ひとりには親がいて、親や家族が大切に育ててきた子どもなのです。愛情を注いで育て、必死に働いて学校に通わせ、幸せになることを願っている親や家族の気もちを忘れないでください。

ご利用者だから尊重する、職員だから尊重するといった分類は必要ありません。すべての人が幸せになる権利がある。それを実現するのが、福祉ですよね。

人に好かれるコミュニケーション

リーダーは、人の上に立つ立場です。部下に指示を出し、その指示を聞き入れて実行してもらわなければいけない立場です。このような立場になる人は、どのような人が向いているのでしょうか。子どものころは、親が怖いから、先生が怖いからと、言うことを聞いていたかもしれません。ただ、私たちは社会人であり、大人です。部下がリーダーの指示を「怖いから」という理由で聞き入れているのだとしたら、これはリーダーシップではありません。「恐怖支配」です。「私の言うことを聞かなかったら、こうなるんだ」と見せしめをし、部下に恐怖心を植えつけることで支配しようとしたり、自分の言うことを聞かない部下を排除しようとするならば、そんなリーダーは退場です。なぜなら、そのようなリーダーは絶対に「嫌われ者」だからです。

よく「私は嫌われ者になっても構いません」という勇ましいリーダーがいますが、そんな人に私はいつも「嫌われ**役**になっても構わないけど、嫌われ**者**にはならないでね」とくぎを刺します。あえていやな役を買って出ることと、本当に嫌われてしまうこととはまったく意味が違います。リーダーはみんなをけん引していく立場です。だれが好き好んで嫌いな人間の言うことを素直に聞くでしょうか。嫌いな人の言うことなんて聞きたくないですよね。

リーダーは、人気者でないと困るのです。「この人の言うことだから素直に聞ける」「この人になら協力したい」「この人が大好き」そんなふうに言われるリーダーなら、百点満点です。人に好かれるのは簡単ではありません。努力しなければ好かれません。逆に、人に嫌われるなんて簡単です。努力しなければ人に好かれませんから…。

人に好かれるリーダーになりましょう。そのほうがチーム運営はうまくいくに決まっています。私なんて、職員同士のちょっとしたいざこざは「私に免じて許して」と、何の根本的な解決にもならない方法でしのいでいます（笑）。

健全なチーム運営のために、人に好かれるコミュニケーション方法について、一緒に学んでいきましょう。

人に好かれるというのは、簡単なことではありませんが、人に好かれるためにすることはとてもシンプルです。

「自分がされてうれしいことを相手にもする」「自分がされていやなことは相手にもしない」。親から教わったこと、保育園や幼稚園で習ったことの延長です。また、人には承認欲求というものがあり、自分の存在価値を認めてもらえることが、うれしいことであると理解しておくことが大事です。

私が「こうしたら相手は喜んでくれるかな」と思って日々行っているコミュニケーション方法について、お伝えします。

①笑顔の印象を残す

私の場合は、特に怖い顔をしているので（笑）、相手に怖がられないためにも、いつも笑顔で接することを心がけています。笑顔は相手に安心感を与えますし、満面の笑顔は、相手に心を許しているという表現でもあります。険しい表情は、その逆です。自分から心を開きます。相手が自分を思い出してくれたとき、笑顔しか思い出せないくらいだったら、私もうれしいです。

②あいさつは自分から

えらくなると、自分からあいさつはせず、部下からのあいさつを待つ人がいます。こんなことに何の意味があるのでしょう？　私の場合は、逆に先手必勝。自分からあいさつすることを心がけています。このときも笑顔で。「Eさん、おはよう」「Gくん、おはよう」と、相手の名前を加えてあいさつするようにしています。職員は、不特定多数のなかの一人ではなく、一人ひとりが尊い存在であることを、あいさつ一つから心を込めて伝えるようにしています。

③うれしいことは一緒に喜ぶ

職員が頑張ってうまくいったことには、自分のことのように喜びます（実際、うれしい）。その気もちを全力で表現し、その努力を徹底して労います。自分の成功をこんなに喜んでくれる人がいる、自分のことをこんなに親身になって気にかけてくれている人がいる。そう思って、それが次の頑張る気もちにつながってくれたら、こんなにうれしいことはありません。

④辛いことは一緒に苦しみ、必ず笑顔で終わる

職員が辛いことや、悩んでいることには、本人と同じ目線で、解決策を考えます。何がよいとか悪いとかではなく、まずは本人の悩んでいる、苦しんでいる気もちに共感します。「私はあなたの味方だ」という姿勢が相手に伝わらないと、相手は心を開いてくれないですし、問題の核心に迫ることはできません。問題や悩みに大小をつけたりもしません。本人は苦しいのだから、その気もちに共感し、一緒に解決に努めることが大事なのです。問題が解決しなかったとしても、必ず最後は、前向きな言葉をかけ、笑顔で終わるように心がけています。「一緒に頑張ろう！」そういってくれる人がいるだけで、人は救われるものです。

⑤相手の話はいつでも聞く

私が徹底してこだわっているのは、職員が相談にきたときには、絶対に手を止め、笑顔で「どうした?」と聞くことです。なかには、パソコンのキーボードを打ちながら、書類を読みながら、職員の話を聞くような上司もいるかと思いますが、私は自分がそうされていやだったことはしないようにしています。

職員も、施設長が忙しいことくらいわかっています(リーダーに対しても同じです)。それでも相談したいことがあるのだから、今、聞いてあげなければ取り返しのつかないことになるかもしれません。私はそう思って、いつも職員の話に集中するようにしています。話の途中で電話がかかってきても「かけ直すと伝えてください」と依頼しますし、来客があっても「少しだけ待っていただいてください」と伝えます。これも職員に対して、あなたが私にとって価値ある存在であるというメッセージになっていると思います。

リーダーであるあなたは、職員に対して誠実であってほしい、実直であってほしいと思います。リーダーは、人の上に立つ人ではなく、人の役に立つ人であってほしいのです。

常にこのような姿勢で働くことは、大変なことかもしれません。ただ、こうやって職員に対して、敬意をもって、誠実に、実直に向き合っていると、職員たちから思わぬプレゼントをもらうことがあります。自分を価値ある存在として認めてくれたことに対して、お返しをしたいとわき上がる感情。心理学用語でいう「返報性の法則」です。

自分の誕生日にプレゼントをもらったら、相手の誕生日にプレゼントを返さなきゃ、と思いますよね。ＳＮＳなどで「いいね」といつもリアクションをくれる人に、「いいね」と返すのも、返報性の法則です。

ちなみに、この「返報性の法則」には、四つの原理があるといわれています。

①好意の返報性―相手のよい行為や感情に対して、よい行為や感情で返そうとする原理

②悪意の返報性―相手の悪い行為や感情に対して、悪い行為や感情で返そうとする原理

私の経験則ですが、不思議なもので、見返りを期待したり、求めたりする人には、この返報性の法則は働かないことが多いように感じます。デパートやスーパーで試食を出されても、笑顔で感じのよい店員さんが「試食だけでもしていってください」と渡してくれると、買ってあげたくなりませんか。逆に無愛想で、感じの悪い店員さんがやっていると、だれが買ってやるか、と購買意欲が失せるものです。見返りを求めない誠実さが、相手に伝わることで発生する感情なのかもしれませんね。

③譲歩の返報性―多少納得がいかないことがあっても、相手が譲歩してくれているのだから、自分もある程度は譲歩しなければ、と感じる原理

前述したような私が職員同士のちょっとしたいざこざに「私に免じて許して」と介入する

ことで、お互いに「相手がそれでいいなら…」と譲歩し、何となく解決したようにしてしまうのも、これに近い感情かもしれません。

④自己開示の返報性―相手が自分に対して心を開くような態度をとってくれると、自分もその相手に対して心を開こうとする感情の原理

あなたはリーダーとして、部下に心を開いて話してほしいと思っているでしょう。それを相手にだけ求めるのはナンセンスです。相手に心を開いてほしいなら、まずは自分から心を開きましょう。

このようなことに気をつけて、ふだんからコミュニケーションを図っていると、自然と人気者のリーダーになっていくと思います。なかなか大変でしょう？

「嫌われ者になってもいい」なんていう人は、自己犠牲を払っているつもりかもしれないですが、実は嫌われ者になることなんて簡単なのです。人気者になるほうがはるかにむずかしく、努力が必要です。その分、得るものも大きい。愛されるリーダー、ついていきたくなるリーダーなら、部下は指導されても素直に聞くことができます。それはチーム運営をするなかで、とても重要なことなのです。

リーダーは、人気者でいこう！

第7章

人が辞めない強いチームをつくる

人はなぜ辞めるのか

リーダーにとって、最もモチベーションが低下するのは、自分のチーム（フロアやユニット）の職員が退職するときではないでしょうか。まず、現実的な問題として、シフトが組めなくなります。ただでさえ少ない人員で組んでいるのですから、当然、厳しくなりますし、他の職員からも不満の声があがります。「どうするんですか？」って問い詰められても、採用権、人事権を与えられているわけではないから、どうにもなりません…。

そして、リーダーとしての自己嫌悪が襲ってきます。何がいけなかったのだろう？　自分の力不足？　自分への不満？　そんなふうに自分を責めるようになり、気の弱い人は心が病んでしまいます。あまり自分を責めてはいけません。これから人材の育成、定着方法について一緒に学んでいきますが、どんなに努力しても辞めてしまう人はいます。縁がなかったのだと整理するしかないこともあるのです。繊細なリーダーも素敵です。リーダーとは本来、細やかな気づかいができて成り立つ役割だと思います。しかし、あまりいつも悩んでいるようなリーダーでは、部下は不安になってしまいます。

私は、どんなに辛いことがあってもお腹は空くし、すぐに眠れます。図太いのです。「慎重もええが、思い切ったところがなきゃいかん。慎重は下僚の美徳じゃ。大胆は大将の美徳じゃ」というのは、坂本龍馬の言葉です。少し極端ですが、リーダーは時には大胆に。自分を責めてばかりではいけません。

さて、職員の退職を防ぐには、まず「なぜ辞めるのか」を分析する必要があります。私もこの業界で20年働いてきて、何十人？　何百人かな？　の職員との別れを経験してきました。これまでの経験から、辞めていく職員には、退職に至るメカニズムがあるのではないかと感じています。

まずは、辞めていく理由と退職に至るメカニズムについて考えていきましょう。

① 理想と現実とのギャップ

入職して間もなく、時が経つと記憶にも残っていないくらいのスピードで退職していくのは、このタイプの人だと思います。どこにギャップを感じるかはさまざまです。給与面でのギャップ（もっともらえるかと思っていた、ボーナスが思っていたより少ないなど）、待遇面でのギャップ（残業が多い、有給休暇がとりにくいなど）。これらは現場のリーダーにはどうすることもできません。

リーダーに解消できる要因があるとしたら、介護の仕事へのギャップです。「もっと楽な仕事かと思っていた」というギャップもありますが、多くは、高い理想を描いてきた人が、「現実とのギャップを感じてショックを受けた」というものでしょう。介護福祉士の養成校を卒業して就職した人や初任者研修、実務者研修を修了して就職した人は、学校で理想的な介護、あるべき介護を教わってきました。個人の尊厳、自立支援、認知症の人への対応、看取り介護など…。それが教科書や授業の内容とはかけ離れた現場の状況にショックを受け、退職してしまう人がいるのです。長く勤めてくれれば、そうでもないことに気づいてもらえるのに…。本音をいえば、何か月かしか勤務しないで、わかったような口をきいて、批判や批評をしないでほしい（笑）。

とにかく現実問題として、慢性的な人手不足のなか、職員が早期退職してしまうのはあまりにも痛い。これを解決するには、理想と現実のギャップを埋めるしかありません。長く勤めて介護の楽しさがわかる前に辞めてしまうのですから、それを阻止するためには、新人職員が入職してきたときのプログラムづくりが大切です。1日も早く戦力になってほしい気もちは山々ですが、辞められてしまうよりは、少し長い目で見て育てたほうがよいに決まっています。

まずは初日の過ごし方が大事です。私が勤める施設では、入職初日はオリエンテーションに力を入れ、「この会社で長く頑張っていこう！」という気もちの芽生えを大切にしています。施設長から始まり、各課、各サービスの責任者によるオリエンテーションです。特養に入職したとしても、デイサービスや居宅介護支援事業所などの話を聞き、将来、自分はどのようなステップアップが可能なのかを描くのです。これから現場に入って、理想と現実とのギャップを感じたとしても、ここでしっかり未来を描けるようにしてあげれば、そのギャップはショックにならず、プロセスであることを理解できます。

その後も、業務、業務にならないよう、座学の内部研修を入れたり、ご利用者と一緒に外出や料理の機会を設けたりと、介護の仕事の可能性を感じられるようプログラムを組んでいます（表7-1参照）。リーダーは、常に新人職員の育成状況について指導担当（メンター）と共有します。進捗や新人の個性に合わせ、プログラムの内容や時期などを相談しながら進めるとよいでしょう。

②ここにいて成長できるか不安

マンネリ化しやすい介護という仕事では、毎日、同じことのくり返しで、本当に自分はここにいて成長できるのか？　と不安になっていくものです。そこで、表7-1の「その他」に示したような、Off-JTの座学による研修プログラムをつくります。現場の仕事は実践あるのみですが、座学による知識と情報の整理も大切です。

私の勤める施設では、毎年「新入職員合同研修」というものを開催しています。その年に

表7-1　新人職員のための研修プログラム

実施時期	実施テーマ	内容
入職時	オリエンテーション	法人の歴史 ビジョン・求める職員像 各部署の責任者による事業紹介
1か月以内	感染症対策研修 リスクマネジメント研修 介護メソッド研修 活き生きデイサービス	手洗い・嘔吐物処理方法等 事故防止、緊急対応等 事例対応等 ご利用者と買い物・調理を一緒に行う
3～6か月	指導担当者による面談（毎月） 施設長面談 居室担当＆ケアプラン研修 ふり返り評価シート 普通救命救急講習	指導担当者による面談を毎月1回実施 試用期間終了前に施設長面談を実施 居室担当をもち、ケアプランを学ぶ 自身の仕事を項目ごとにふり返る 普通救命救急講習を受講する
その他	新入職員合同研修（全２回）* ミライアル～未来へのトライアル～（毎月）	他事業所の同期と学ぶ合同研修 35歳未満の職員によるコミュニティ。自由な発想で、業務や組織に対する提案をしてもらう

＊毎年、①４月と５月、②10月と11月に実施。入職時期に応じて、①または②のどちらかに参加する。

各サービスに入職した新人職員が、集まって研修を受講するのです。研修内容は、「福祉・介護とは」「接遇・マナーと虐待防止」「認知症の理解」「各サービス事業紹介」「レポート発表」となっています。研修内容も大事ですが、ここでは新人職員同士ができるだけコミュニケーションを図ることができるよう、グループワークなどに重きを置きます。困ったとき、悩んだとき、横のつながりが救ってくれることも多いのです。

③上司との関係性

上司との関係性は、新人職員にとってたいへん重要な問題です。特に、いちばん身近な上司であるリーダーとの関係が悪いと、退職に結びつくケースが多いです。いくら同僚と仲よくなっても、リーダーとの関係性が悪ければ、その職場で長く続けていくのは苦しいことです。第6章でお伝えしたコミュニケーション技術は、新人職員にも大いに使ってあげてください。新人職員がリーダーに求めることは、そんなに大きなことではないのです。話しやすいか？　相談しやすいか？　公平に評価してくれるか？　そのくらいのことです。

④業務量の過多もしくは過少

現実とのギャップという点では、介護の理想と現実だけでなく、業務量の多さにギブアップしてしまうケースもあります。「こんなに大変な仕事だなんて…」そう感じる新人職員も少なくないと思います。新人職員の当面の目標は「ひとり立ち」ですから、最初のゴール設定はそこだとしても、ペース配分は画一的なマニュアルだけでなく、個人の年齢や経験、体力、習得度合いに合わせて柔軟さも必要です。キャパシティを超えると、腰を痛めたり、体調を崩したりして、退職につながってしまうこともあります。

逆に、業務量の過少により、やりがいのなさを感じ、退職してしまう職員もいます。職員には二通りのタイプがあります。介護そのものにやりがいや喜びを感じるタイプと、介護に対する間接的な業務で、係や委員会、研修によるスキルアップなどに喜びを感じるタイプです。一人ひとりのタイプを見抜き、どん欲に学びたい人には、間接的な業務や役割を任せていくことも、退職を防ぐ一つの方法です。

⑤会社のビジョンや方向性への疑問

これも退職の理由によく挙げられる問題です。会社、法人などが描くビジョンや方向性については、現場のリーダーが介入するのはむずかしいですが、現場の介護職の場合、自分の所属する課やユニットのリーダーがどのようなビジョンを描いているのか？　めざしている方向性は？　などもたいへん重要な問題です。次の項で、リーダーとしてのビジョンのつくり方について学んでいきましょう。

表7-2 退職予備軍チェックシート

No.	項目	職員A	職員B	職員C	職員D	職員E	職員F
1	早退・遅刻・欠勤がある						
2	あいさつをしても相手（特に上司）と目を合わせない						
3	人と接していないときが無表情						
4	勤務時間が終わったら、とにかく早く帰ろうとする						
5	ご利用者と職員に対しての態度をわざとらしいほど変える						
6	記録類を読まないで業務に入る						
7	会議等でほぼ発言しない						
8	勤務変更や仕事の依頼をほとんど断るようになった						
9	言葉づかいがわざとらしいほどていねいになった						
10	有給休暇を消化したがる						
	合計						

＊1項目1点。合計で5点以上は「退職予備軍」と考えられる。

その前に、あなたの職場、あなたのユニット職員のなかに、退職を考えている人はいませんか？　表7‐2に挙げる兆候（サイン）があるとしたら、要注意です。これまでの学びを活かし、できるだけ早く対策を打ちましょう。

表7‐2は、「退職予備軍チェックシート」です。縁起でもないですね。上段に、あなたのユニットの職員名を入れて、チェックしてみてください。10項目を合計して、5点以上になった職員は、「退職予備軍」と考えてよいでしょう。ただし、あくまでも予備軍ですから、今のうちに対策をすれば退職は防げる可能性が高いです。

この表を見てもわかるように、退職を考えている職員というのは、会社や上司の不意を突いてくるわけではなく、兆候を出しています。これはいわばSOSです。このSOSにリーダーが気づかず、もしくは気づこうとせずに退職を決意させてしまったとしたら、それほど残念な会社、残念なリーダーはいません。職員のSOSを必ずキャッチしてください。職員の苦しみ、心の叫びを見逃さない、聞き逃さないでください。退職を嘆くよりも、このアンテナを施設内に張りめぐらせることに留意しましょう。そうすれば、多くの退職者を防ぐことができるのです。

本気の「ビジョン」をつくる

リーダーがビジョンをもたないことによって、職員の退職につながってしまう可能性もあります。ここでは、実際にビジョンをつくるための練習をしてみましょう。ビジョンというと、少しむずかしそうな感じがしますが、要はめざす介護と、その実現に向けた取り組みを示せばよいのです。本格的に学びたいと思うなら、経営やマーケティングについて学ぶことをお勧めします。

今回は、会社や法人といった大きなところではなく、自分のユニットのビジョンを一緒に考えていきましょう。

まず、ビジョンとは何かというと、「自分たちが実現したい具体的な目標」ととらえることがいちばん簡単だと思います。会社や法人の「理念」は、自分たちの理想や姿勢を示したものであり、どちらかというと永遠に追い続けていくようなものです。これに対してビジョンは、「じゃあ、そのためにいったい、何をするの?」ということを具体化、言語化したものととらえてください。完成イメージとしては、表7-3のとおりです。

表7-3　ビジョンシート

ビジョン
トリプルH（Hospitality・Humor・Heart）で、みんなが幸せを感じるユニットを創ります

ミッション
- Hospitality（ホスピタリティ）
  忙しい、人手が足りないなどを理由にせず、どんなときでも親切でていねいに対応するユニットを創ります
- Humor（ユーモア）
  だれも傷つかない楽しさをユーモアと定義し、笑いの絶えないユニットを創ります
- Heart（ハート）
  ご利用者の心に寄り添い、職員の心を育む。優しさと思いやりにあふれたユニットを創ります

表7-4　ザ・リッツ・カールトンのビジョン

私たちのビジョン
ザ・リッツ・カールトンは、人生で最も有意義な旅をインスピレーションに満ちたものにします

私たちの使命
真の気遣いや素晴らしい製品、サービスをお届けすることで、確固たる利益に貢献します

モットー
ザ・リッツ・カールトンホテルカンパニーL.L.C.では「紳士淑女をおもてなしする私たちもまた紳士淑女です」をモットーとしています。この言葉には、すべてのスタッフが常に最高レベルのサービスを提供するという当ホテルの姿勢が表れています。

出典：ザ・リッツ・カールトン公式サイト

くり返しになりますが、「ビジョン」は、自分たちの実現したい具体的な目標です。これはみんなが覚えやすいように、短めで、キャッチコピーのような魅力的なものがよいです。それに対して「ミッション」は、ビジョンを実現するために、こんなことをしますよ、という具体的な行動指針ととらえてください（だったら最初から「行動指針」にすればいい？いや、「ミッション」のほうがテンション上がる人もいるかなぁ…と思って）。

今回はこのスタイルで、ビジョン作成の練習をしていきます。

まずは、どこかの会社のビジョンを参考にしたいですよね。そこで、今回は、最上級のホスピタリティで有名なザ・リッツ・カールトンのビジョンを紹介します（表7－4参照）。カッコイイですよね。ここには、「私たちのビジョン」「私たちの使命」「モットー」などとありますが、それぞれの会社によって表現は異なりますので、そこは気にしないようにいきましょう。何しろ、ザ・リッツ・カールトンの示す「私たちのめざすもの」が明確に詰まっていて、とっても魅力的ですよね。こんな素敵なビジョン、ミッションをつくることができたら、職員たちのモチベーションにもなるはずです。

本来であれば、ビジョンをつくるプロセスとして、自社を取り巻く社内外の状況分析や市場の分析などが必要になりますが、今回はそのあたりは省略して、とにかくリーダーとして、あなたがユニットをけん引していくため、ご利用者の満足度を高めるため、職員のモチベーションを上げるため、そんな想いだけでつくってみましょう。

ステージ1 話し合う

まずは話し合うことです。あなたがどんなにすばらしい言葉でビジョンを作成したとしても、職員にとってそれは「リーダーが一人でつくったもの」になってしまいます。それでは効果が半減してしまいます。したがって、みんなでつくることが大事です。最初からみんなでかかわることが大事なのです。1回目の話し合いは、ビジョンというものがどういうものなのか、何のためにつくるのか。そういったことを押しつけではなく、みんなで一から勉強するつもりで話し合いをしていきましょう。

ステージ2 課題（やるべきこと）を明確にする

次にユニットの課題を明確にします。自分たちのユニットが、やらなければいけないと思いつつできていないことを、これもできれば話し合いのなかで明確にしていきます。話し合いがむずかしいようであれば、リーダーへの意見箱のようなものを設置して課題を出してもらってもよいかもしれません。私はデスクの横に「あいであポイポイ」という箱を設置しています。これは、職位などはまったく問わず、思いついたことを施設長に伝えるためのツールとして職員が活用してくれています。みんなから集まった課題は、まとめて貼り出すなどして、全体で共有しましょう。

ステージ③ 強みと弱みを明確にする

ユニットの強みと弱みを明確にします。これもステージ②と同じ方法で構いませんが、自分たちの強みと弱みを出し合うことこそ、話し合いの楽しさ、醍醐味かと思います。できれば話し合いのなかで抽出できるとよいですね。自分たちの強み（ストロングポイント）がわかったら、それを売りにするのがいちばんです。弱みは強みでカバーできます。

ステージ④ 自分たちがめざすものを言語化する

いよいよ言語化する作業に入りましょう。ビジョンというものが理解できた。ユニットの課題が明確にできた。ユニットの「ストロングポイント」がわかった。さあ、それでは自分たちは何をめざしていくのでしょう？　これをみんなで考え、言語化します。リーダーであるあなたは、ここまでのプロセスで何をビジョンにすべきか、イメージをもてていると思います。もてていないようであれば、ステージ④の前に、しっかり自分のなかでイメージし、ビジョンの仮の案を考えておきましょう。

いずれにしても、話し合いでは最終決定はせず、言語化する作業に徹します。そして、完成版は、リーダーに預けてもらいます。みんなの意見を取り入れ、みんなが参画した意識をもてるような素敵なビジョン、ミッションを、一人になってゆっくり考えましょう。ビジョンはできるだけキャッチーなもの、ミッションは3本立てくらいにして、ビジョンを実現するための行動指針として考えます。これもみんなが覚えやすいように、できるだけ短い言葉で表現するのがよいでしょう。ここがリーダーの腕の見せどころです。

ステージ5 ビジョンを定着させる

完成したビジョンを定着させます。ビジョンはできあがったら終わりではなく、ここからが本番です。みんなのなかに定着させて、実際に実現させなければなりません。まずは、みんなの目につく場所（ケアワーカー室など）に掲示します。これはいつか必ず景色になってしまいますので、色あせたり、ヨレヨレになってきたら、リーダーが率先して新しいものに交換します。ビジョンを風化させてはいけないのです。次に、どの会議資料にも、上段などにビジョンを載せます。これもそのうち景色になっていくので、資料に載っているだけでなく、会議で話題にすること、常にビジョンに立ち返ることを意識します。

極めつけは、ビジョンを携帯できるように小さいカードなどにします。総務課に行ってラミネート加工をさせてもらいましょう。そこまですると、「いらないよ〜」とブーイングになりますが、リーダーがどこまでビジョンに想いをもっているか、本気度が伝わります。これが大事なのです。

ビジョンなきリーダーが、職員の退職理由にまでなってしまうのなら、リーダーがビジョンを掲げ、その実現に向けて真剣であることを職員たちに伝えましょう。

ステージ⑥（おまけ）マーケティングセンスを磨く

魅力的なビジョンの作成もそうですが、事業（ユニット単位なども含む）運営にはマーケティングの要素がたくさん含まれています。介護職の人が本気で勉強しても参考になることがたくさんあると思いますが、ここでは少しだけ「とても簡単なマーケティングセンスを磨く方法」について解説します。

たとえば、あなたがよく行く飲食店（飲食店に限らずよく行く店）をイメージしてください。今日は、店の席に着いたら、次の三つのことを考えてみてほしいのです。

①「なぜ？」と理由を常に意識する
②常に観察するくせをつける

③売れる理由を分析する

あなたはなぜ、この店によく通っているのでしょう？　改めてその理由を分析してみてください。料理が美味しいから？　店内の雰囲気がよいから？　家もしくは職場から近いから？　従業員の対応がよいから？　金額が安いから？　ゆっくりできるから？　など、なぜ？　なぜ？　なぜ？　と観察するくせをつけるのです。そして、自分や他の常連客がなぜこの店に通うのか？　人が集まる理由、売れる理由を分析します。

たとえば、あなたが前からほしかったバッグを買ったとします。あなたはなぜ、そのバッグがほしかったのでしょうか。デザイン？　値段？　みんながもっているから？　利便性？　このように、なぜ、自分は買ったのかを考えます。そして、なぜこのバッグが売れるのか？　売れる理由を分析するのです。

次に、その分析を可視化して、自分が店のオーナーだったらという視点で、さらによくするための方法を考えます。キャッチーなコピーも考えてみましょう。表7-5を使って、自分のお気に入りの店や商品を分析してみてください。

こんな訓練をしていると、マーケティングセンスが磨かれていくものです。人気のお笑い芸人さんを見て、この人はなぜこんなに面白いのか？　知識が豊富だから？　時事ネタだか

表7-5 マーケティング環境分析シート

お気に入りの店や商品を魅力的なキャッチコピーで紹介してください
どんなところがすばらしいと思いますか
さらによくするために、あなたがオーナーならどうしますか

ら？　テンポがよいから？　自分が楽しそうだから？　などと分析し、自分だったらこんなふうに話すかな？　などとさらによくする方法を考えます。世間に受け入れられている人や店や商品の理由を分析し、自分の仕事に活かしていくという訓練は大事です。

事業への参画で職員のモチベーションを上げる

「みんな同じ船に乗っている」

この感覚をみんなでもてれば、どれだけ強いチームになれるだろう…。そんなふうに思ったことはありませんか。みんなで同じ方向を見て、同じ目的地をめざし、沈むときはみんな一緒に沈む。だからこそ、沈ませることはできない…。

このような感覚を一人ひとりがもっていれば、無責任な行動や軽率な行動はしませんし、何より同じ目的に向かって想いを一つに進めることは、何事にも代えがたい喜びです。

このようなチームをつくっていくためには、一人ひとりがチームに対して想いをもつことです。一人ひとりが「チームにとって自分は欠けてはいけない存在である」ということを認識することだと思います。では、それを導くのはだれか？ いうまでもなく、それがリーダーの役割なのです。リーダーは船長であり、目的地に向かって舵をとります。目的地に到着するまでには、雨の日も風の日もあります。大しけの日も嵐の日もあります。それらの苦難を乗り越え、目的地に到着するためには、だれ一人欠けてはいけない、必要ない人間は一人もいない、みんなが自分の力を発揮する。そうやってチームをけん引していきましょう。みんなが船長（リーダー）の言葉、発信を待っているのです。

ステージ1 ご利用者やご家族の人生への参画であることを伝える

社員が退職しないように、モチベーションを下げないようにするためには、「会社の事業に対して参画している意識を芽生えさせる」という方法があります。

大きな会社になると、部署ごとに縦割りになっています。たとえば、精密機械を製造している会社では、ネジ一つつくるにもその部署があります。もし、この部署で働く社員が「こんなネジ一つ、おれが手を抜いたところで、何の影響もない」と思って、不良品を製造工程に乗せてしまったらどうなるでしょう。大事故につながってしまう可能性や、取引先の信頼を失ってしまう可能性があります。一人の社員が「おれ一人が手を抜いたって…」と思ってしまうことが、会社という船を沈ませてしまうこともあるのです。だからこそ、自分のやっている仕事がどのように会社の役に立っているのか、どのように社会の役に立っているのか、それが社員一人ひとりに伝わる仕組みが大切です。

会社や工場なら、機械や商品ができるまでの工程や店先に並ぶまで、または購入、利用されるまでの過程を見せることで、その社員の仕事がどのような役割をもっているのか認識してもらうことができます。

では、介護はどうでしょう。その製造工程を見せることはできませんが、介護がどのように人や社会の役に立っているかを伝えることはむずかしいことではありません。その一つの方法が、第2章で紹介したストーリーテリングです。ご利用者のこれまでの人生を物語の型にはめ、物語の最後に携わる私たちは何をすべきかを問いかける…。そうやって介護職のスピリットに火をつける方法を紹介しました。このことにも代表されるように、介護の仕事における事業への参画は、人の人生への参画、社会を守り、よくすることへの参画なのです。これを自覚できれば、世にたくさんある職業のなかで、介護という仕事はかなりやりがいをもちやすい職業であるといえるはずです。

現場では、次のようなやりとりがあります。

認知症の進行により、ご家族が介護疲れで倒れてしまい、自宅で介護することができなくなったNさん。

「いくつかの施設をあたったが、こんな大変な人はみられません、と断られてしまったらしい。でも、専門職の私たちが『こんな大変な人はみられません』というほど大変な人をご家族が家でみてきたんだな。そのご家族がいよいよギブアップだと助けを求めているのに、私たち専門職が手を差し伸べなかったら、だれが手を差し伸べてあげるのかな…。どんなに大変でも、私たちは仕事で介護をしている。うまくいかなければ職員を交代することもできるし、8時間経てば家に帰れる。ご家族は交代もできなければ、何時間経っても終わりが来ない…。そんな人を知らんぷりして、私たちは本当に専門職といえるのかな」と、私が熱くなって現場の職員たちに力説すると、結局、最後は笑って受け入れてくれます。本当に頼もしい職員たちです。

看取り期にもなると、職員たちにも心のゆとりがなくなり、みんな必死です。他職種との間で、意見が衝突することもあります。

看取り期に入り、1日の大半をベッドで過ごすことになったOさん。職員の介入が足りず、仙骨部とかかとに褥瘡ができてしまいました。看護師からの指摘に「ムッ」とした介護職たちでしたが…。

「Oさんは、そのときが近づいている。私も長年この仕事しているからわかるよ。寝ているところを動かして起こしたくないとか、あまり身体をいじらずに安楽に過ごしてほしいと思うみんな（介護職）の優しさもわかるよ。ただ、自分の身内を亡くしたときに、お尻に褥瘡なんかできているとすごく悔やむんだよ。きれいな身体で逝かせてあげたかったな…って。死んだらどうなるのか、私にはわからないけれど、もしかしたら、ずっと会いたかった親に会えたりするんじゃないのかな。そのとき、きれいな身体で会わせてあげたいと思わないか。お尻やかかとに褥瘡があったりしたら、『お前、それどうしたんだ?』って親に心配かけやしないかな。親は子どもが生まれたとき、『この子に絶対に幸せになってほしい』と願ったはずだよ。親だけじゃない、ここまで生きてきたなかで出会った友だち、恋人、旦那さん、奥さん、子どもたち…。Oさんを愛して、幸せを願った人がたくさんいる。私たちは、そういう人たちの想いまで背負って、最期まで見届けてあげなきゃいけないんじゃないか。そこまでできて、看取りケアをしています、と胸を張れるんじゃないかな…」と、私が熱くなって職員たちに力説すると、みんなちょっと苦笑いしながらも、最後は受け入れてくれます。

これは二つとも実話です。毎日のように、現場の職員とこんなやりとりをしています。介護職員を退職させない。育成し、定着させていくには、事業への参画が大事なのです。介護職の事業への参画は、このようなご利用者やご家族の人生への参画です。私はこれ以上にやりがいのある事業への参画を知りません。介護とは、人や社会の役に立てるすばらしい仕事なのです。そのことを職員たちに教えてあげてください。

ステージ 2 得意分野で活躍の場を与え、事業への参画につなげる

施設などで働くと、介護業務以外の仕事というものもあります。人によっては、介護という直接処遇よりも、間接処遇的な仕事に興味ややりがいをもつ人もいます。悪いことではありません。自分の能力の幅を広げたい気もちはすばらしいものです。それに、介護の仕事がどうしても上手にできなかったり、遅かったりする人もいます。そのような職員に得意分野で活躍してもらえるよう差配するのも、リーダーの仕事です。パソコンが得意な人、DIYが得意な人、歌や楽器が得意な人、そういう人に役割をもってもらえれば、また違った活躍の場が与えられ、事業への参画につながります。福祉用具の研究や選定などを受けもってくれたら、ご利用者、職員の両方から感謝もされます。

来る日も来る日も、食事・排泄・入浴の介助、夜勤…。介護はマンネリ化しやすい業務であり、体力勝負に思われる業務内容ほど、将来に不安を感じる職員は少なくないのです。

得意分野を活かしてくれるリーダーの存在は、職員にとって長く働くうえでの安心材料になります。「人はなぜ辞めるのか」の「③上司との関係性」（157ページ参照）は、リーダーとの関係性をさしています。リーダーが話しやすい、相談しやすい、自分の長所を見てくれて、承認してくれる、仕事を任せてくれる。これこそが事業への参画であり、職員の定着を図ることになるのです。

第8章

人材育成という エンターテイメント

OJTこそ最大の「魅せ場」

現在は、施設長という役職を仰せつかり、現場で、職員一人ひとりの指導をする機会は少なくなりました。自分で指導するよりも、現場のリーダーを信じて任せることが私の役割です。しかし、今でも「ここぞ!」というときには動けるように、身体だけはきたえています。

現場で直接、介護に入り、実践して魅せるOJTは、介護リーダーとして最大の「魅せ場」です。人材育成には技法があり、この本も技術書的な役割をもっていますが、実際には現場で一緒に働き、その姿を見せることがいちばん効率がよいと思います。

現場のリーダーというのは、野球でいうところのキャプテンです。キャプテンは監督やコーチと違い、練習もみんなと同じメニューをこなし、試合でも結果が求められます。リーダーでありながら、結果も出せなければ監督やコーチはおろか、選手たちからも信頼を得られません。最も大変な役割といえるかもしれません。しかし、見方によっては、選手の信頼を最も得やすい立場にあるともいえます。監督やコーチが選手たちに厳しいことを求めると、選手というのは「だったら自分でやってみろよ」と思ったりするものです。ところがキャプテンは、みんなと同じ練習をして、みんなと同じように試合で結果を求められています。「自分でやってみろ」とはならないのです。自分でやっていますからね。これに勝る説得力はないのです。いちばん大変な役割だからこそ、自分が理想とする姿（仕事ぶり）を見せれば、キャプテンの求めていることがわかります。これがＯＪＴの強みです。

この本のような「リーダー向けの本」を手にとったあなたは、おそらく仕事に対して高い意識をもった人だと思います。高い技術を求め、それを実践できるリーダーになりたいと思っている…。

そんなあなたには、介護職のプロフェッショナルをめざしてほしいと思います。

もちろん、給料をもらって働いていること自体、それだけでプロの職業人なのですが、それを人に魅せることができる人、「見せる」ではなく「魅せる」仕事ができる人を本当のプロフェッショナルと呼ぶのだと思うのです。

排泄・入浴・食事の介助、認知症のご利用者が混乱したときの対応、レクリエーション、そして、この後で紹介する職員との面接、会議、研修などの場においても、常に人を魅了するプロフェッショナルな姿勢を貫く。１日のなかのどのシーンを切りとっても、「さすが」と思わせる介護、「すごい」と思わせる対応力。それができたらすごいですよね。私もできません（笑）。

でも、介護を極上のエンターテイメントにできれば…。人材育成で職員を魅了することができれば…。

この本の最後になるこの章では、すべての人を心地よくしてしまうプロフェッショナルな人材育成について、一緒に学んでいきたいと思います。


リーダーが現場に入るとき、早番だろうが遅番だろうが夜勤だろうが、「その1コマを担うだけ」という意識はもう消さなければいけません。どの勤務をしていても、あなたはまわりからすればリーダーです。常にリーダーとしてのふるまいを求められます。これを負担に思うか、やりがいに思うかは、気のもちようです。リーダーは責任を背負う反面、一定の権限を与えられています。リーダーとしての権限を存分に楽しんで、ユニットやフロアをマネジメントしましょう。現場で魅せる介護とＯＪＴを実践するための5か条を紹介します。

①あいさつは明るく元気に

出勤したら、毎回、全ご利用者、全職員にあいさつをします。「そんなの当然では？」と思う職場ならよいのですが、職員とはあいさつを交わすものの、ご利用者にはお話しできる人にしかあいさつしない職員が結構、多いものです。そういったところでも、「人に対してわけ隔てなく接する」という姿勢が伝わります。一人ひとりに明るく元気なあいさつをしましょう。明るく元気なあいさつは、リーダーとしての宣誓だと思ってください。

私は今の職場に来て、毎日、欠かさず朝のあいさつに2フロアを回っています。92名のご利用者と出勤している全職員に元気よくあいさつをしています。最初のころは「よくやるよ」「いつまで続くかね」といった職員からの冷ややかな視線を感じていましたが、ご利用者からは大好評でした。「あんたが来ると元気が出るよ」「いつもえらいわね。ありがとう」とすっかりご利用者の心をつかみました。これも5年間続けていると、さすがに冷ややかだった職員も根負けしています。「今日も1日楽しむぞ！」という自分への宣誓でもありますね。

② 1日の始まりに相談と指示をする

これは第6章でもふれましたが、業務の始まりにこれから一緒に働く職員と「今日はどうする？」といった相談をします。大事なのは、まずは相談、指示は、その後に出すということです。いきなり指示を出されてうれしい人はいません。まずは「今日はどうする？」「今日、何かある？」と相談をし、それが終わってから必要な指示を出しましょう。

③業務分担は、必ず大変なほうを選択する

排泄介助の回る順番（ルート）、対応がむずかしい人の食事介助、新規の受け入れ、記録など、「だれがやる？」「どっちがやる？」となった業務分担は、必ず大変なほうを選択します。損？　そんなことありません。これが後々、どれだけリーダーのチカラになって返ってくるかを考えたら、損して得とれです。そうすると決めておけば、何てことはありません。

④声を出す

ご利用者がお風呂、散歩、床屋さんなど、どこに行くときでも「行ってきます」「行ってらっしゃい」「ただいま」「お帰り」と元気よく声を出しましょう。声を出すことの大切さを否定する人はいないはずです。ナースコールなども鳴ったときに「はーい」と明るく声を出すとコール音が「耳についていやなもの」ではなくなります。

私が現場のリーダーだったころ、コールが鳴ると「はいよー」というのが口ぐせだったそうです。自覚がなかったので、「うちの職員はみんなコールが鳴ると『はいよー』っていうよね？」と職員に聞いたら、「みんな山口さんの真似をしてるんだよ」と笑われました。リーダーが率先して、明るくコール対応などをしていると、職員たちにも波及していくものです。他の施設に見学に行った際も、職員の休憩のときなどに「行ってきます」「行って

らっしゃい」「ただいま」「お帰り」などが自然に交わされていると、「雰囲気のいい施設だな」と思いますね。

⑤すばやく、優しく

再三書いているように、どの世界においても時間を管理できない人に優秀な人はいません。特にリーダーともなれば、忙しいのは当たり前です。一分一秒が惜しいはずです。でも、「忙しい＝イライラ」はカッコ悪い！ これは後輩から尊敬されない職員の象徴です。リーダーはすばやく、優しく。時間のないなかでも、気づかいやユーモアを忘れない職員でいることが大事です。私は、あまりにも時間がなくて、排泄介助の前にベッドのギャッジを下げながら冗談を言って笑わせていました。

これらのことを常に楽しみながらやるのです。リーダーが楽しく仕事していると、その影響は徐々にチームの雰囲気になっていきます。リーダーになったら、「今日は雰囲気悪いなぁ…」なんて言っている場合ではありません。よいも悪いもチームの雰囲気を左右するのは、リーダーであるあなたなのです。

現場の職員は、空気を読むリーダーなど待っていません。空気を変えてくれるリーダーを待っているのです。

心が動くから人は動く——面接の技法

リーダーになると、チームをまとめていくうえで、時には職員と一対一で面接をすることも必要です。リーダーは基本姿勢として、職員と話し合うこと、向き合うことから逃げてはいけません。これが鉄則です。「組織は問題の集合体」ですから、日々、問題が起きています。リーダーが腰を上げなければならない事案が起きた場合は、迅速に対処しましょう。また、特に問題がなくても、最低でも半年に1回くらいは、職員と面接を行うべきです。ふだんからコミュニケーションをとっているつもりでも、面接という改まった形をとることで、思いがけない職員の心理が聞けることがあります。

① 座る位置

通常の面接であれば、机を挟んで向き合う形で座るのがよいと思います。問題があって厳しい追及などしなければならない面接は、少し距離は遠くしましょう。物理的な距離は、心の距離でもあります。緊張感が必要なときは、できるだけ机などを挟んで距離を置きます。

逆に、相手の心にふみ込んで話す必要がある場合は、机の角を挟むように座る「90度法」くらいの距離が望ましいです。

②態度

面接での話し方は、ふだんの会話とは一線を画すためにも、基本的には敬語で話すことをお勧めします。90度法で話すような場合は、言葉はふだんどおりで、親近感をもつような口調でもよいでしょう。

面接の際は、リーダーは姿勢を正します。身体の姿勢は心の姿勢でもあります。必ず背筋を伸ばしてください。姿勢をよくし、相手の目を見て話をします。通常の面接であれば、表情はやわらかめにします。厳しい話をするときは、表情を崩してはいけません。

③内容

通常の面接では、とにかく相手の話を聴いてあげてください。話し上手になるより、聞き上手になることが大事です。相手の話に対して「私はあなたに興味、関心があります」という態度で聴きます。順序と時間配分は表8-1が目安となります。

まず、面接の目的と所要時間を簡潔に伝えます。なぜ呼ばれたのかわからないと怖いものですからね。そして、ここで聞いたことは絶対に許可なく他の人にもらさないことを約束し

表8-1　面接の内容と時間配分

時間配分	内容
1割	日ごろの仕事ぶりを評価し、労いの言葉をかける。 相手の気もちを高め、評価されている安心感のなかで話ができるようリラックスした雰囲気をつくる。
▼ 7割	相手の話を聴く。評価や審判はしない。基本姿勢として、共感的態度で話を聴き、持ち味を十分に発揮してもらう。
▼ 1割	相手の話に対して評価をする。9割を肯定し、残りの1割を改善してほしい点としてつけ加える。
▼ 1割	あなたが相手に期待することを伝える。このとき、どれだけ相手のことを想っているかを心を込めて伝えることが大事。ここで伝えたいことは事前に準備しておくとよい。

ます。信用して話したことが、他の人に知られていたらショックですから。さあ、これで準備完了。面接の始まりです。出だしは緊張していますから、リラックスしてもらう意味でも、まずはほめることから始めましょう。ふだん一緒に働いている仲間とはいえ、あなたは上司です。上司と一対一になるということは怖いものですから、「私はあなたの味方です」というメッセージが最初に伝わると、相手は心を開きます。心を開いてくれないと、相手の本音は聞けません。ほめることで承認欲求を満たし、安心して話ができる環境をつくりましょう。

次は、相手の話を聴く時間です。みなさんがこれまでに勉強してきた「バイステックの7原則」が基本姿勢です。個別化の原則や意図的な感情表現の原則などを用いて、相手に心を開いて話してもらえるよう努めましょう。このときに大事なのは、相手の話に興味、関心をもつことです。面接では「聴く」姿勢で臨みましょう。「聴く」は「耳」＋「目」で「心」を聴くと書きます。自分に興味、関心がないような態度では、相手が心を開くはずがありません。時に前のめりになるくらい、相手の話を「聴く」のです。

相手の話に「態度と言葉のミラーリング」をすることも大事です。時折、相手の言葉をくり返すようにこちらから言います。黙って聞いたり、うなずいているだけよりも、「自分の話を聴いてくれている。理解してくれている」と相手の安心につながるものです。態度のミラーリングも心理的に安心感につながります。相手が目を見開いたら、自分も大きく目を見開いてみたり、相手が大笑いしたら、自分も声を出して大笑いしてみたり。こういった共感的態度も、鏡に向かって（自分に対して）話しているような安心感を生み出します。

相手がうまく伝えられなくてもやもやしていそうなときは、「それって○○ということですかね？」と言い換えてみます。このときに気をつけなければいけないのは、それを聞いた相手の態度です。「ああ！　そうです！　さすがリーダー」となれば大成功ですが、「え、あ…そうです…」という感じだったら、これは的を射抜いてはいないということで、かえっていけません。うまく表現できないでいる人は、「○○ですよね？」と言われると、少しニュアンスが違っていても相手に申し訳ないと思って「え、ああ…そうです…」と答えてしまうものです。これでは問題の核心にはふれられません。言い換える際は、慎重に行いましょう。ただ、これが的確にできるようになると、短い時間でも相手をより理解できます。

解決策が見つからず、悩んでしまっているときは、「リフレーミング」も有効です。リフレーミングとは、物事（問題）の枠組み（フレーム）を変えて見てみる、という手法です。「Aくんは、毎日、言ってもダメなんです」と相談されたら、「毎日、言うからダメなんじゃない？」と違う視点があることをさりげなく伝えます。「Bさんは、私には絶対に心を開いてくれないんです」と悩んでいるリーダーがいたら、「逆にいえば、リーダー以外には心を開いてるってことでしょ？　リーダーがすべて担わなくてもいいんだよ。みんな同じ船に乗った仲間なんだから」とリーダーが無理をしすぎてしまっている場合、見方を変えることで心を軽くしてあげます。このように「違った見方もあるよ」とうながし、ヒントを与えるのがリフレーミングです。

相手の話をしっかりと聴くことができたら、その話に対して「評価」をします。このときに大事なのは、9割は肯定し、残りの1割を改善してほしい点としてつけ加えることです。最後の1割の時間は、相手に対して「期待していること」を伝えます。大事なのは、相手を想う心、愛です。リーダーとしてチームをうまく機能させたいとか、そういったリーダーのエゴではなく、「あなたならできる！」「これをすることで、絶対あなたのためになる！」という想いを伝えることが大事です。

ある日、リーダーのGくんが髪を金髪に染めてきたことがありました。組織に対して反発の気もちもあったのではないかと思います。
「Gくん、髪を黒く染めて来い。君はリーダーとして、みんなを指導していかなきゃいけない立場だろう。なかにはルールを破ってしまう職員もいるかもしれない。そのときに君が指導して、『いや、Gさんだって金髪にしてルール破ってるじゃないですか』って言われたら、どう返す？ 君はすばらしい介護をしている。だけど、ご利用者の家族のなかには容姿だけで判断してGくんの中身を見てくれない人もいる。私がもし君のことを『彼はすばらしい職員なんです』と主張しても、相手が『あの金髪の人ですよね…』と容姿だけ見て、正しく評価されなかったとしたら、私は本当に悔しい。君が今の立場で満足しているなら、そのままでいい。ただ、君はよい介護をしたい、よい施設にしたいという想いがだれよりも強いだろう。だとしたら、そんなつまらないことでつまずいてる時間はあるのか？ そんなつまらないことで、君の言葉や想いが人に伝わらなかったら、もったいなくないか？」と問いかけました。

わかっていただけたかと思いますが、このとき私は、いきなり「髪を染めて来い」と指示しました。まずはほめる、労うといった導入も、相手の話を評価を加えずに聴くというセオリーも、何もかも無視して、こちら側の一方的な想いを伝えています。

それでもGくんは、「わかりました。申し訳ありませんでした」と謝罪して、次の勤務のときには髪を黒く染めてきました。

Gくんにも言い分があったことでしょう。しかし、私は彼に耳を貸しませんでした。私のなかに、「どんな理由があろうとも、私が君の将来を考えていること、君に期待している想いのほうがずっと上だ。それに、君とはこんなことで壊れてしまうほど、薄っぺらい関係ではない」といった自信がありました。Gくんは今も施設の中心的人物として大活躍してくれています。将来ある若者です。

このように、「セオリー」というものは、役立つものですが、絶対ではありません。人の想いや愛というのは、それを越えたところにあるものです。

心が動くから人は動く——会議の進め方

介護職の人は会議が嫌いな人が多い傾向にあると感じます。会議と聞いただけで、「今日は何するの?」「帰りたーい」という声が聞こえてきます。残念ですね。本来、自分たちの目標を確認したり、ご利用者のことを話したり、仲間と話をするということは楽しいことのはずなのに…。これはきっと、よい会議に出たことがないからではないでしょうか。あなたには、「あれはよい会議だった」と記憶に残っているような会議はありますか?　よい会議になるかどうかは、ファシリテーターの技術にかかっています。ユニットやチームで会議をする場合、きっとその役は、リーダーであるあなたが担うことになります。

よい会議とは、一つの作品を創り上げるようなものです。みんなが参画し、感動できた会議は、まるで映画、エンターテイメントのようです。

この項では、みんなが参画できる会議の進め方について、一緒に学んでいきましょう。

ステージ❶ 事前準備

よい会議を行うためには、事前準備が重要です。人数の多い会議ではむずかしいですが、ユニットで行う会議など、10名程度の会議なら、ていねいな事前準備が可能になります。とはいえ、やるべきことはたった三つ。これもリーダーの仕事です。

① 会議資料は、絶対に事前に配付する

会議の当日になって、その場ではじめて資料を見る。今日、話し合うことを知る。そんな会議はダメな会議の代表です。会議資料は何としてでも3日前までには参加者に配付し、目を通しておいてもらってください。

② 事前にミッションを伝える

まずは、参加してほしい人の予定をおさえます。勤務時間中であれば問題ありませんが、会議となると時間外の場合も多いでしょう。みんな予定がありますから、参加者への呼びかけは一人ずつ確認しておきます。ファシリテーターとして、あなたのファシリテーションはこの時点ですでに始まっているのです。そして、参加者全員に会議の日程、場所、目的などを伝えていきます。このときに一人ひとりとミニ会議を行うのです。「この議題に対してど

う思うか？」と意見を聞きます。そのうえで、あなたが相手に期待する役割を伝えます。「会議のときに、それを言ってもらえない？」「今度の会議は、こういう会議にしたいんだ。協力してくれる？」など。参加者はキャストです。一人ひとりが重要な役であること、セリフがあることなどを事前に伝えておきます。

③ファシリテーションの留意点

会議が始まる前に、次の点を意識しておきましょう。

・話がそれたら本筋に戻す
・時間をコントロールする
・全員が発言できるようにする。発言しない人が一人でもいるのはＮＧ
・ファシリテーターは意見を言う人ではなく、意見を引き出す人
・結論を出す

ステージ②　会議の進行

「本日のアジェンダを確認します」なんて言って始めてみてください。横文字が好きな人っていますよね。「議題」って言えばいいだけなのに（笑）。

次に、ルールや役割を確認します。「進行は僭越ながら私が担当します。記録はAさん、タイムキーパーはBさんにお願いします」など。この役割分担で「え～」なんて時間を食っているほどむだなことはありません。事前に許可を得ておきましょう。終了時間の確認も必要です。集中力を発揮するためにも、この終了時間はきっちり守ります。

始まりは空気が重くなりやすいです。簡単なアイスブレイクをしましょう。私の場合は「元気ですかー！」の5秒でアイスブレイク完了です。できるだけ短く、簡単に。みんなが和むように、「ペットボトルのジュースを右側の人のコップに注いであげてください。注いでもらった方は、相手の目をじっと見て、ありがとう、と言いましょう」なんて言うと、たいてい、笑いが起きながら注ぎ合います。

それでは会議を始めます。

ファシリテーションの留意点や事前に決めておいた役割分担、セリフをどこで活かすかを考えながら、進行します。議題がいくつかある場合は、一つの議題につき、話し合う時間を何分にするか決めておきます。そこまでに必ず結論を出すことを約束事にしましょう。「じゃあ、これは継続審議として次回にもち越します」というファシリテーションはダメです。もし、この会議の参加者では結論を出せない議題なら、最初から議題にあげないことです。結論を出せない議題を話し合うことほど、むだな会議はありません。これもファシリテーターとして、リーダーとしての真摯な姿勢なのです。

最後は、決定事項の再確認と参加者への感謝の気もちを伝えます。ここからあなたはファシリテーターから、リーダーに戻ることを許可されます。最後はリーダーとして、事前に考えてきたカッコイイ話で決めてください（ちゃんと考えておいてくださいね（笑））。

会議はここで終わりますが、あなたの会議はここで終わりではありません。決定事項を全体に伝え、実行していくことに力を注ぎます。会議では活発な議論がされて決まったことでも、その後のことはたいていの人は関心がありません。それを実行するのは、他のだれかがやってくれると潜在的に思っているのです。それがリーダーと一般職との大きな違いです。リーダーは、会議で決まったことを全体に伝えるだけでなく、その後の進捗状況の管理までするのが仕事です。そうでないと、次の会議のとき「あれ？　そういえば、前回の会議で決まったことってどうなったの？」という話になってしまいます。こうなると、会議自体が「やっても意味ない」というしらけた雰囲気になってしまいます。

会議は、開催する度に、次のステージに上がるものにしましょう。同じ課題について話し合いをしていたり、話したことが実行されていない会議をくり返していると、会議自体の価値をだれも感じなくなってしまいます。それもリーダー次第。リーダーって本当に大変な役割ですね。

心が動くから人は動く——研修のつくり方

現場の介護リーダーが職員に向けた研修を開催するというのは、ふつうのことではありません。ふつうのことではないから、私は自分で研修を開催することを選びました。無資格・未経験で介護の現場に飛び込んできた29歳の私は、知識や経験がないがゆえに、悔しい思いをたくさんしました。私は夢中になって勉強しました。2年が経ったとき、そんな私を見て、当時の施設長が副主任に任命してくれました。それからの私は、今の介護を変えたい、施設を変えたいと思い、積極的に提案しました。でも、何も叶いませんでした。提案しても議論する場がない。会議はいつも議題が決まっているし、一人ひとりに話していくにも限界がありました。そこで思い立ったのが、研修の開催です。自分の勉強したことを職員たちにアウトプットすることを計画しました。しかし、こんな海のものとも山のものともつかない私の開催する研修に、まさか残業手当をつけてもらうわけにもいかず、職員たちには有志で集まってもらいました。大勢集まってくれて、うれしかったのを覚えています。

介護技術、コミュニケーション、リスクマネジメント、身体拘束など、自分で勉強したことをアウトプットすることは、実は自分自身の勉強になりました。本を読むときも、講義を聴くときも、自分の学びとして聞いていることと、「これを後で自分が伝えるのだ」という気もちで聴いていることとでは、雲泥の差があります。学びとは、アウトプットすることを前提にしているほうが、断然身につきやすいのです。

私の基礎となっているのは、この時期の勉強です。この時期に、アウトプットすることを前提に学びをくり返していたから、今の自分があると思っています。

前置きが長くなりましたが、伝えたかったのは、研修を開催することが、いかに自分の学びや成長になるかということです。おそらく「私は人前で話すのが大の苦手」と思っている人がほとんどだと思います。私もそうでした。引っ込み思案の私は、人前に出て話をするということを最も苦手なことと思っていました。その私が、今では下手なりに講師をしています。自分の人生の伸びしろを決めてしまっては面白くありません。考えてみれば、「私は人前で話すことが得意です」なんて言う人には会ったことがありません。おそらくみんな苦手を克服しているのです。私がそうだったように。

話すことへの苦手意識は、場数をふむことで減っていきます。まずはチャレンジしてみましょう。自分への挑戦です。

では、研修のつくり方を学んでいきましょう。

①テーマを決める

最初は自分の話したいことをテーマにしましょう。あなたが今、発信したいことは何ですか？

②勉強をする

当然ですが、そのテーマに合わせた勉強をします。私の経験上になりますが、1時間の研修をするのに、最低でもそのテーマに関する本を3冊は熟読したほうがよいと思います。せっかく得た知識、情報ですが、1時間の研修のなかでお披露目できるのは、勉強したことの10分の1以下です。人に伝えるというのは、ある程度、学んだという自信がないとできません。勉強不足と自信のなさは比例しています。それが講師の態度に出てしまうのです。たとえお披露目することがなくても、そのテーマに関して自信がもてるまで勉強しましょう。

③伝えたい内容をとことん絞る

研修で気をつけなければいけないのは、あれもこれも知っていることは全部、伝えたい、という気もちを抑えることです。せっかく覚えたことを伝えたい気もちはわかりますが、情報量が多すぎると、研修の参加者は「結局、何を伝えたかったのかわからなかった」という辛辣な感想をアンケートに書いてくるのです。内部研修だとしたら、今の職場にとって、どの部分がいちばん必要な学びであるか優先順位をつけましょう。

④研修を順序立てる（資料をつくる）

研修をイメージしながら、資料をつくります。正解はありませんが、眠くならないようにするためには、リズム感のある研修、参画型の研修がよいと思います。

受験対策講座などとは違いますし、とにかく知識や情報をつめ込むことが目的ではありません。どちらかというと、「明日からの元気」とか、「初心に帰る」とか、そういったことを目的として考えたほうがよいかもしれません。

たとえば、「虐待防止」の研修を考えてみます。

表8-2のような内容はいかがでしょうか。

これは1時間サイズの研修です。よく見ると、講師であるあなたの出番は、研修の目的を話すこと、介護保険法の目的と虐待の定義は、本やネットで確認したものを読み上げるだけですよね。あとは演習やワークの進行、エピソード紹介だけです。これなら頑張ればできそうな気がしませんか？　これに沿って研修資料をつくってみましょう。いずれは、パワーポイントも使えるようになるといいですね。実は、機械に弱い私でも、ある程度は使えるくら

表8-2 「虐待防止」をテーマにした研修の構成

時間配分	研修の進行
5分	●今日の研修の目的 ●アイスブレイク となりの人にお茶を注ぐ
▼ 10分	●介護保険法の目的を解説 介護保険法の目的が自立支援であり「有する能力に応じ自立した日常生活を営む…」とあることを伝える ●虐待の定義を解説
▼ 10分	●演習 ２人一組になりＡさん、Ｂさんにわかれる Ｂさんに目をつむってもらい、Ａさんにだけ「私が合図をしたら、お茶をとりに来てください」というミッションを見せる 次はＡさんに目をつむってもらい、Ｂさんに「Ａさんが立ち上がったら、『危ないから座ってて！』と全力で止めてください」というミッションを見せる ２人とも目を開けていただき、講師の合図で 「Ａさんお願いします」→　立ち上がってお茶をとりに行く→ Ｂさんが「危ないから座ってて！」と止める
▼ 5分	●演習について解説 「スピーチロック」という虐待もある ふだんの生活のなかで出ていませんか？　と問う
▼ 10分	●ふり返り 「虐待の芽チェックリスト」*に取り組んでもらう 取り組み後、２～３人に感想を聞く
▼ 5分	●エピソード紹介 あなたが今回の研修でいちばん伝えたいことを話す
▼ 15分	●「今日から私は！」コーナー 参加者一人ひとりに「今日から私はこういうことに気をつけます」宣言を発表してもらう

＊東京都福祉保健財団　高齢者権利擁護支援センター作成のものを使用。

い簡単な仕組みになっています。動きをつけたり、動画も貼りつけられたり、資料づくりが一気に楽になります。食わず嫌いにならないように、いつかいじってみてください。

⑤研修を開催する

みんなにあなたの想いが伝わることを信じて頑張ってください。応援しています。

この項では、研修のつくり方について解説してきました。私がはじめて人前で研修会を開催したのが、18年くらい前です。あのころは、今のように本を書いたり、講師の仕事をするなど、想像もしていませんでした。人生は何が起こるかわからないものです。この章のテーマでもあるように、人材育成というものをエンターテイメントとして演出し、あなた自身が楽しんでください。

OJTで、みんなにあなたの背中を魅せてください。現場を、仕事を、介護を、思い切り楽しむ姿をみんなに魅せるのです。私が現場で介護をしていたころ、一緒に勤務する職員から「山口さんと一緒の勤務だと、1日があっという間に終わる」と言われたことがあります。誤解を恐れずにいえば、私は現場を、1日を支配していました。ご利用者、職員たちは観客のように思っていました。「みんなを楽しませる」。それが私の介護でした。

面接は、私の大好きなプロレスのように思っていました。「アントニオ猪木は、箒《ほうき》とでもプロレスができる」と言ったレスラーがいました。どんな相手とでも名勝負にしてしまうという意味だと思います。プロレスとは不思議なジャンルで、ただ一方的に勝つだけでは、コアなファンは納得しません。対戦相手のよさも引き出し、そのうえで勝利するかけひきが求められます。人材育成においても、たとえ相手が新人職員で、まだ1か2の力しかなかったとしても、リーダーが7、8、9まで引き上げてあげましょう。相手の持ち味を十二分に引き出すのです。しかし、過信してしまわないように10の力を見せて、リーダーとしての威厳を保ちます。相手に実力以上の力を発揮させる。これも私にとってエンターテイメントでした。

会議は、それこそ一つのショーです。リーダーはキャストである職員全員の魅力を引き出し、物語（課題）を解決に導く。監督、脚本、演出、時には出演までしてしまうジャッキー・チェンのような役割です。

研修は、ライブです。全員が私を見ている。隠れたり、ごまかしたりすることはできない。本番で恥をかかないように、全力で準備します。逃げ場のない緊張感のなかで、学びをもち帰ってもらわなければならない。明日からの元気をもち帰ってもらわなければならない。でも、笑わせたり、感動させたり、謎かけをして考えさせたり、お客様を掌に乗せているような感覚。お客様は掌に乗せられている心地よさを感じる。これこそが、私にとって極上のエンターテイメントです。

エンターテイメントの定義は、「楽しめるもの」だと思います。人生の晩年になり、人の介護を受けるようになることは、決して望んだことではないでしょう。だからこそ、介護現場の人材育成はもちろん、介護そのものが楽しいもの、エンターテイメントであってもよいと思います。職員が日々の仕事を終えたとき、「あー楽しかった」と思えること、ご利用者が人生の幕を閉じるとき、「あー楽しかった」そう思える介護をめざしたいです。

参考文献

・リクルートＨＣソリューショングループ編著『感じるマネジメント』英治出版、２００７年
・杉田敏『人を動かす！プレゼンテーション――心をとらえるコミュニケーションの技術』ＰＨＰエディターズ・グループ、２００５年
・稲盛和夫『生き方――人間として一番大切なこと』サンマーク出版、２００７年
・稲盛和夫『燃える闘魂』毎日新聞社、２０１３年
・稲盛和夫ほか編著『稲盛和夫の実践アメーバ経営――全社員が自ら採算をつくる』日本経済新聞出版社、２０１７年

あとがき　――ONE TEAMをめざして

「ゴールはここじゃない、まだ終わりじゃない」

２０１９ラグビーワールドカップから、日本中が勇気をもらいました。
しかし、あの当時、私は地獄にいるようでした。毎日、仕事に行くのがいやで仕方ありませんでした。次々とトラブルが起こり、次々と職員から退職の意向を聞かされる…。新人施設長であった私には、この負の連鎖を止める手段もない。それでも、施設のトップとして強気な姿勢を崩せず、「全部、想定内だよ」と笑っていましたが、心のなかはグラグラ。また、弱っている人を見ると、つけ込んでくるのが世の常というもの。追い打ちをかけるように、新たな問題が立て続けに起こり、私は心も身体もボロボロになりました。

そんななか、私は部下である在宅サービス課の課長を呼びました。これまでも、いつも支えになってくれていた課長ですが、私は課長にとって頼れる上司、信頼できる上司でいたかったので、課長の前でも、一度も弱気な姿勢を見せたことはありませんでした。でも、そのとき私は課長に向かって言いました。「僕はこれまでの人生のなかで、一度も言ったことのない言葉を言います。僕が人生のなかで、絶対に言いたくない言葉をはじめて人に言います」。事態が深刻であると感じた課長の表情は真剣で厳しくも、優しい母親のような表情でした。私は人生ではじめて「助けて」と言いました。

課長は涙を流していました。ただひとこと、「はい」と答えてくれました。

元々、頼れる存在でしたが、その日を境に課長は力強さを増しました。それまでは在宅サービス課で問題が起こると、「施設長、どうしますかね?」とたずねてくることが多かったのですが、この日から報告だけをくれて、「私が対応します」と力強く言って去っていくようになりました。それからも、たくさんの問題が起こりました。私が心配して声をかけても、「施設長は最後の砦です。私ができるところまでやります!」と、いつも私を温存しようとしてくれています。私にとって課長は、最も信頼できる相棒です。

私は間違っていました。

私はこれまで施設長として、部下を育てることが仕事であり、部下に対して絶対的な存在でなければならない、強くなければならない、そう思っていました。人材育成を上から目線で考えていたのです。

でも、大事なことが抜けていました。それは部下を信頼することです。

上司なんて、部下に上司にしてもらっているだけ。部下を「信じて」「頼って」信頼することが、上司と部下との健全な関係であることを知りました。

リーダーだから、上司だからと、気を張りすぎてはいけません。一人で何もかもなんてできません。部下は、自分にないものをたくさんもっています。自分の知らないことをたくさん知っています。「信じて」時には「頼る」こと。信頼することが大事なのです。

今、私は施設長として、職員たちに支えてもらっています。

今の私があるのは、いちばん苦しかったあのときを、みんなが一緒に乗り越えてくれたおかげです。その後も、新型コロナウイルスの影響による大混乱やさまざまな問題が日々、起こるなか、いつもみんなが一緒に闘ってくれました。楽しいときはみんなで大笑いし、悔しいときは一緒に拳を握りしめ、悲しいときは一緒に涙を流し、私たちはここまでやってきました。

人材育成をしているつもりですが、大人同士の育成は、「教育」ではなく、「共育」。共に育つことが大事なのだと知りました。実はみんなに施設長として「育成」されています。

これからも素敵な仲間たちと「ONE TEAM」をめざして邁進していきます。

「ゴールはここじゃない、まだ終わりじゃない」

コロナ禍において、私たち介護従事者は、社会のなかで特に必要不可欠な仕事を担う者として「エッセンシャルワーカー」といわれるようになりました。

それは、このような状況下でも、多年にわたって社会に尽くしてきた高齢者の生命、生活、尊厳を守り続ける役割を担っているからだと思います。

マンパワーも不足するなか、感染症対策に追われる職員の負担軽減を図ることは必要です。一方、ご利用者の生活に目を向ければ、これまでのように外出、外食もままならなくなり、ご家族にも簡単には会えなくなりました。これ以上「生活」が削られてしまったら、ご利用者のADLは低下し、QOLも担保できなくなってしまいます。

「職員の負担軽減=ご利用者のQOLの低下」にならないよう、私たちは専門職の誇りにかけて、創造力を働かせましょう。これも、コロナ禍におけるリーダーの仕事だと思います。どんな状況でも、明るく、前向きに…。多くの介護職がそんなリーダーの登場を待っています!

みなさんのさらなるご活躍を心より応援しています。

この本を出版するにあたって、背中を押してくださった社会福祉法人 敬心福祉会の小林光俊理事長に、深謝申し上げます。

そして、出版に向けてともに闘ってくださった中央法規出版株式会社編集部・須貝牧子さんには、言葉に言い表せないほどの感謝の気もちを送ります。本当に、本当にありがとうございました。

社会福祉法人 敬心福祉会
特別養護老人ホーム千歳敬心苑
施設長　山口 晃弘

2021年1月

著者

山口晃弘（やまぐち　あきひろ）

社会福祉法人 敬心福祉会
特別養護老人ホーム千歳敬心苑　施設長
介護福祉士・介護支援専門員

1971年東京都生まれ。高校卒業後、一般企業に就職。29歳で介護の世界へ。

身体障害者施設職員、特別養護老人ホームの介護職、生活相談員、グループホームの管理者等を務める。2016年より、現在の職場に人材育成担当として勤務。2018年より施設長として、東奔西走の日々を送っている。

好きな言葉は「最後に勝つ負け方を知っておけ」

著書に『最強の介護職、最幸の介護術　"燃える闘魂"介護士が教える大介護時代のケアのあり方』（2014年、ワニブックス）がある。

介護に対する熱い想いを語るブログ『山口晃弘の超幸齢社会の最幸介護術』を「けあサポ」にて好評連載中！

https://www.caresapo.jp/senmon/blog-yamaguchi

介護リーダー必読！
元気な職場をつくる、みんなを笑顔にする
リーダーシップの極意

2021年2月20日　初　版　発　行
2023年6月10日　初版第２刷発行

著　者　山口晃弘
発行者　荘村明彦
発行所　中央法規出版株式会社
〒110-0016　東京都台東区台東3-29-1　中央法規ビル
TEL　03-6387-3196
https://www.chuohoki.co.jp/

本文・装丁デザイン　ISSHIKI（デジカル）
イラスト　藤田侑巳
印刷・製本　西濃印刷株式会社

定価はカバーに表示してあります。
ISBN978-4-8058-8278-8